PETITE
BIBLIOTHÈQUE
DU MARCHEUR

PETITE BIBLIOTHÈQUE DU MARCHEUR

Textes choisis et présentés par
Frédéric Gros

Champs classiques

Ouvrage publié sous la direction de Benoît Chantre.

© Flammarion, 2011.
ISBN : 978-2-0812-4883-0

Introduction

« Bibliothèque du marcheur » : les termes ne sont pas si faciles à concilier. La bibliothèque, c'est un espace pour sédentaires. Rimbaud les appelait : « les assis ». On ne marche pas, dans une bibliothèque : on se lève pour aller prendre un livre, on se déplace à pas étouffés, et on regagne aussitôt sa place. De chaise en chaise. Une bibliothèque, ce n'est pas fait pour des marcheurs : espaces confinés et clos, atmosphères empesées, corps recroquevillés, volumes épais qui s'amoncellent sur les tables, gestes lents.

Et pourtant…

Quant aux « philosophes marcheurs », c'est encore autre chose. Précisément, le philosophe paraît un animal de bibliothèque ou de bureau. Lecteur infatigable, courbé sur ses papiers, il ne déplie son corps que pour atteindre un livre perché. On dira certes que sa pensée inlassablement chemine, que son esprit gravit avec peine des montagnes spéculatives, mais enfin quoi : ce sont des métaphores, et si l'âme vagabonde, le corps reste vissé, cloué à la chaise : « Ils ont greffé dans des amours épileptiques/Leur fantasque ossature aux grands squelettes noirs/De leurs chaises ; leurs pieds aux barreaux rachitiques/S'entrelacent pour les matins et pour les soirs !/ Ces vieillards ont toujours fait tresse avec leurs sièges… » (Rimbaud). Et c'est l'horreur si vous les obligez à se mettre debout : « Oh ! ne les faites pas lever ! C'est le naufrage… »

Et pourtant...

Écrire sur la marche, en faire une « esthétique » ou une « philosophie », cela paraît encore très saugrenu, pour cette autre raison que la marche semble décidément trop pauvre pour espérer atteindre à la dignité d'un acte philosophique, d'une pratique esthétique, d'une expérience spirituelle. Après tout, marcher, tout le monde sait faire, ça n'intéresse personne. On marche pour rejoindre un moyen de transport, pour aller jusqu'à son lieu de travail ou de rendez-vous, pour aller jusqu'au domicile d'un ami, une connaissance, une inconnue. Et c'est après que tout commence. Au cinéma, les moments où l'on filme les acteurs marchant, ce sont des moments de transition, des instants creux de respiration, entre les scènes d'action : séquences rapides, il ne faut pas que le spectateur s'ennuie. La marche, c'est tellement humble et pauvre, tellement lent aussi. Il y a trop peu à en dire, c'est d'une telle simplicité : mettre un pied devant l'autre. Toute la technique est là pour nous faire éviter cette servitude : voiture, train, avion... Avec le véhicule, commencent la vitesse et la culture, un monde de conquête et d'audace.

Et pourtant, rien que « marcher », écrit Balzac, ça vous révèle un homme, un monde, un destin : le pas chaloupé du marin, la marche ferme du militaire, la démarche souple, féline de l'élégante, la progression régulière du pèlerin – on dirait un navire glissant sur l'eau. Dis-moi comment tu marches... Bien sûr, ce ne sont pas des techniques difficiles, longues à assimiler (quoique, pour les défilés, qu'ils soient de mode ou militaire, il faut un apprentissage) ; plutôt des manières, des styles : il y a une diversité du pas qui révèle une culture ou une personnalité. Marcher n'est pas aussi anodin, anonyme qu'on veut d'abord le croire. Les techniques ne sont pas aussi élaborées que pour les autres sports, mais on peut apprendre par exemple à caler sa respiration (marche afghane), à régler les inspirations, les expirations et les arrêts sur ses pas, selon des rythmes différents (3-1/3-1, 4/4/2, 2/2, 5/5, etc.), qui vont varier suivant la nature du terrain, le dénivelé, la difficulté, le temps qu'il fait...

C'est pourtant là surtout un point de vue scientifique : le technicien (qui apprend), le physiologiste (qui explique), le psychosociologue (qui interprète). Mais si la bibliothèque du marcheur n'est pas seulement composée – loin de là ! – de ces livres savants, c'est qu'il existe une poétique et, au-delà, une pratique spirituelle, de la marche, qui se retrouvent, disséminées, dans les textes de ces écrivains, de ces penseurs qui furent aussi d'immenses marcheurs.

Selon qu'on marche une ou deux heures, un ou deux jours, un ou deux mois, selon qu'on marche pour simplement sortir ou pour se rendre en un lieu précis, selon qu'on marche à la ville ou aux champs, dans les déserts ou les montagnes, toutes ces marches donnent lieu à des expériences extraordinairement diversifiées, qu'on peut essayer de ramener ici à quelques grandes catégories.

Il y aurait d'abord quelque chose comme la promenade. Se promener, c'est sortir, aller *dehors*. C'est la recherche d'abord d'une rupture de rythme, d'un changement de milieu. On va s'aérer, prendre l'air, échapper aux murs, s'extraire d'un cadre de travail, quitter sa chaise, sa condition de sédentaire, pour se dégourdir les jambes, sentir son corps, calmer sa lassitude. Pour cela, le plus souvent, on ira trouver, comme on dit, des « espaces verts » : un jardin public, un parc, une forêt, un bord de fleuve. Alors que la flânerie, comme on verra, suppose plutôt la ville, des rues bondées, des avenues pleines de lumières et de vitrines, le promeneur recherchera spontanément la tranquillité des parcs ou des berges, le long desquelles il pourra se laisser bercer par le murmure du fleuve. La promenade se fait sur un temps court, quelques heures de détente. Elle est comme une parenthèse de la journée. Elle peut comprendre des modalités très diverses. Il y a la promenade familiale, celle du dimanche après-midi : parce qu'il fait beau, que les enfants sont agités. Alors on déambule dans les bois, au milieu d'autres familles. On se retourne sans cesse, on s'arrête souvent, on fait des pauses. Les enfants jouent pendant que les grands parlent. Et puis, quand le soleil décline, « on rentre ». Les petits ont les joues roses, c'est gagné. Il y a la promenade hygiénique. Soit celle qu'on fait « pour digérer », surtout parce qu'on se sent gavé, pour se secouer aussi – d'expérience, on se méfie des siestes qui suivent un repas chargé : elles fatiguent. Soit encore la promenade qu'on s'impose par vertu : une heure par jour, toujours le même parcours, et la même satisfaction d'avoir accompli son devoir en rentrant (« ça m'a fait du bien »). Kant mettait un point d'honneur à exécuter sa promenade quotidienne à la même heure exactement, en suivant la même allée du jardin de Königsberg. Tous les jours. On a envie d'en rire, et de trouver même un peu pathologique, obsessionnelle, cette discipline de fer. Comme si Kant en était victime. Mais est-ce qu'on ne peut pas y voir aussi une forme de courage ? Parce qu'il faut de la ténacité pour balayer toutes les excuses qui s'offrent à la paresse. Il y avait autrefois la promenade galante, qui s'est un peu perdue : on allait dans les parcs, on fréquentait les jardins, en grandes toilettes, pour s'entrevoir, se séduire. Il faut marcher lentement, paraître tout occupée, demeurer aux aguets, se laisser apercevoir sans se montrer, calculer les séductions. Il y a enfin la grande promenade : celle que les enfants attendent, celle qu'on leur a promise (« s'il fait beau »), celle qu'ils connaissent par cœur et redemandent, comme ils demandent le même livre, la même histoire. Plaisir d'anticiper les points de vue, les formes des collines, plaisir de retrouver les choses à leur place, plaisir de saisir les variations du paysage au gré des saisons (le même et l'autre), plaisir de silencieusement saluer des arbres, des carrés de verdure comme on salue de vieux amis, plaisir aussi de pouvoir laisser aller son âme parce que les pieds connaissent par cœur les sentiers ; mais plaisir surtout de sentir monter en soi les forces d'invention : en chemin, des phrases montent aux lèvres, aussitôt oubliées, pour le seul goût de se les dire comme celui de sentir sur ses joues la fraîcheur du vent.

Flâner, c'est autre chose. C'est une occupation d'aristocrate. Noblesse essentiellement de l'esprit, car on peut flâner en étant très désargenté. Le luxe du flâneur, c'est de ne rien faire quand, autour de lui, tous s'affairent, se pressent parce qu'ils ont un rendez-vous important, se dépêchent pour ne pas rater une correspondance. La vraie richesse du flâneur, c'est son temps libre, temps qui n'est pas pour autant perdu. La flânerie, c'est seul ou à plusieurs, mais toujours en ville. À plusieurs, on s'étourdit de discours et de rires. On argumente, mais sans démontrer, seulement parce que ça fait sourire à l'instant d'avoir raison contre l'autre, juste pour qu'il soit piqué, mais en étant ravi d'être contredit à son tour. Et puis, on fait remarquer des choses que l'autre n'a pas vues (un visage, une vitrine), on parle les mains dans les poches. Tourbillon : dans la rue, on se laisse envelopper par la foule, et on s'enveloppe pareil de discours hauts (on gronde, on rit fort). Seule compte une certaine vivacité. Dans la flânerie à plusieurs, on se laisse traverser par toute l'énergie diffuse de la rue, et on en fait de l'amitié à partager. Seul, c'est autre chose. On est plus attentif, on se rend disponible aux sons, aux couleurs, surtout aux entrechocs et aux croisements d'images. Il y a des villes, comme on sait, pour flâner : New York, Paris... À Paris, les rues sont pleines d'histoires, les monuments racontent des légendes. Pour Walter Benjamin, c'est comme un grand livre ouvert, où flottent autour des quartiers et des cathédrales les personnages de Hugo ou de Zola, où la rumeur sourde des foules murmure les poèmes de Baudelaire et de Verlaine. Ce qui ne signifie pas qu'il faille forcément être érudit. Car, plus simplement, la flânerie laisse *parler* les choses, les gens. Il suffit de laisser couler un regard un peu lent sur le monde pour qu'il se mette à raconter des histoires : une façade décrépie, et cette fenêtre là-haut ouverte sur des ombres dansantes, un vieil homme flattant son chien, une jeune fille qui sourit l'air parfaitement entendu, un porche sombre, une femme distraite qui laisse la pluie mouiller ses cheveux. Tant d'histoires dans le monde. Le flâneur, comme il n'a rien à penser, voit monter autour des gens, comme des volutes, une fumée de récits aussitôt dispersée.

Ce qu'on appelle expédition, ou grande randonnée (aujourd'hui trek) convoque un autre imaginaire. Là, ce n'est plus le dilettante glanant au passage des fragments d'histoire, mais un marcheur d'envergure, qui s'assume, se revendique, proclame à qui veut l'entendre son statut, recherchant des exploits, des moments purs, des visions sublimes, des expériences. Il faut sortir de la ville, et bientôt même quitter les parcs bien rangés, les bois domestiqués, pour affronter une nature sauvage. Le randonneur est comme l'explorateur : il *s'équipe*. Il existe (toujours davantage) une panoplie du parfait randonneur, prêt à affronter les rudesses du temps ou du relief. On retrouve cette mythologie dans un texte de jeunesse de Flaubert : avec son compagnon Maxime Du Camp, il décide de partir à la conquête de la Bretagne, à pied ! Les voilà bientôt d'attaque, et ils se lancent à l'assaut des chemins comme des soldats fonçant droit sur l'ennemi.

INTRODUCTION

Les deux jeunes hommes se veulent immédiatement des marcheurs épiques : leurs journées seront autant de chapitres d'un livre futur, ils vivent pour pouvoir raconter, ils cherchent ce que chaque pied mis devant l'autre peut faire lever comme mystère, geste héroïque, détail piquant et pittoresque. Mais il existe aussi des expéditions plus douloureuses, comme celle racontée par Slavomir Rawicz, alors jeune officier polonais : fuyant un goulag de Sibérie, avec six compagnons, il traverse en 1941 la Mongolie, le désert de Gobi, l'Himalaya, pour atteindre le golfe du Bengale. L'expédition est un enfer, où chacun atteint les limites de la fatigue et de l'humain. Quelle que soit la version (doucement ironique ou affreusement cauchemardesque), ce qui peut rendre toute marche héroïque, c'est qu'elle organise toujours un face-à-face entre l'homme, réduit à son corps fragile, et des forces naturelles surpuissantes. Il n'y a plus rien bientôt – aucun interstice, aucun écran – entre l'individu et sa faim ou sa soif, entre mon corps et le sommet qui me domine vertigineusement ou la falaise qui me tente. Aucune prouesse technique, aucune compétence requise. On a beau être équipé, il faut juste trouver un sentier où poser les pieds, juste tenir bon jusqu'à la nuit, *juste avancer*. La seule vertu du marcheur, c'est le courage. Mais pas un courage conçu comme ardeur, audace inconsciente du danger : le courage comme endurance, patience, ténacité.

Au-delà des intempéries et des insolations que le marcheur affronte, il a aussi affaire à ses semblables. Je ne parle pas ici des autres marcheurs qu'il rencontre sur le chemin, parce que là, c'est une solidarité immédiate : chacun se reconnaît membre de la grande confrérie. On s'échange des tuyaux sous forme de sentiers, de points de vue, on prend la pause ensemble, on se salue chaleureusement. Ce sont plutôt les locaux qui peuvent poser problème – où l'on comprend que le randonneur est une figure ambivalente. Certes, il n'apparaît pas comme dangereux : il est armé tout au plus d'un bâton frêle, juste bon à effrayer des chiens peureux. Et puis, à pied, chargé comme il est, on le retrouverait vite... Ce n'est pas un touriste bruyant qu'on entend venir de loin, qui parle fort, s'agite, prend de la place. On pourrait même dire que la simplicité du randonneur le rend assez immédiatement sympathique : il a vu le pays de près, il fait des compliments sur le paysage, tandis que le touriste systématiquement râle (il en a toujours vu d'autres, il est blasé). C'est vrai que la randonnée permet parfois cette complicité contre les *autres* (les touristes, qui croient avoir tout saisi en quelques minutes). Le local respecte dans le marcheur sa lenteur, il lui est reconnaissant d'avoir pris tout ce temps pour goûter son pays dans le détail de ses saveurs, de ses couleurs, de ses pierres. Cela permet des échanges, dans les gîtes, moins superficiels que les hôtels où on ne propose que du sur-mesure (ce qu'il faut voir, ce qu'il faut faire, etc.). En même temps, cette discrétion fait peur : on peut la trouver sournoise. Le marcheur s'approche au plus près des maisons, on ne l'entend pas venir : il y a chez lui quelque chose qui tient du rôdeur, du vagabond, même si le plus souvent il ne demande que de l'eau. Il faut bien reconnaître, pour finir, que, dans ses formes modernes, la randonnée comporte moins de risques que les anciennes expéditions : sentiers balisés, GPS, cartes précises, téléphones portables... Ces nouveaux outils, toutefois, n'empêchent pas le marcheur de connaître la confrontation brutale avec les éléments.

Le pèlerinage constitue une quatrième forme de marche, dont l'importance culturelle a longtemps été décisive. Il s'agit, avec le pèlerinage, d'atteindre un lieu saint au bout de longues journées de marche, et d'en espérer une transformation intérieure. Le terme du voyage est en effet un lieu, un espace reconnu comme sacré – y reposent le plus souvent les reliques d'un saint. Il s'agit d'exprimer là soit une demande particulière, soit un remerciement, soit encore d'expier un péché ou un crime. Le pèlerinage chrétien fut progressivement institué comme témoignage de profonde dévotion avec la fin des grandes persécutions : les souffrances réelles du voyage qu'on acceptait d'endurer constituaient en soi un signe. Le pèlerinage insiste sur toute promesse secrète de la marche : une révolution intérieure.

Promenade, flânerie, grandes excursions : ce sont le plus souvent des formes heureuses de la marche. Mais elle a aussi sa face sombre : les errances, les fuites, l'interminable exil. Partir marcher, c'est souvent le mouvement de quitter : on laisse derrière soi le fracas des villes, la pesanteur des tâches quotidiennes, les comédies sociales. Le pèlerinage insistait sur une dimension de régénération (renaître autre, guérir). Mais il s'agit d'abord de simplement délaisser par la marche des identités imposées, historiques : toute une pesanteur d'existence, un masque qui a fini par devenir « son » visage. Marcher, c'est se donner l'occasion d'être à la verticale de soi, sans avoir perpétuellement à donner le change, faire bonne figure, composer, mentir. La solitude de la marche, c'est d'abord une libération de l'enfer des autres. Tenter alors de se retrouver, par « souci de soi », comme disaient les Anciens. Toute la journée, autrement, nous sommes affairés, occupés, mais au sens où on dit qu'on « occupe » un espace : remplis, saturés, envahis. Ce sont des sollicitations permanentes, des retards qui s'accumulent, des travaux qui s'enchaînent. On marche alors pour retrouver sa propre compagnie, se sentir vivre un peu, plutôt qu'emporté perpétuellement par un torrent de tâches.

Non pas donc : enfin seul, mais plutôt « enfin avec moi-même ». Goûter le temps aussi : marcher, c'est choisir la lenteur, c'est mépriser l'obsession contemporaine de la vitesse et de la performance. On met son point d'honneur à ne plus être pressé, à ne plus être l'esclave des minutes. Vouloir marcher, c'est vouloir se donner du temps. La grande transformation est là : on ne court plus après le temps, on *se le donne*. Mais il peut s'agir aussi parfois, dans la marche, d'une volonté de s'émanciper de sa propre histoire : on marche parce qu'on est fatigué de soi-même. Toujours en soi les mêmes inerties pesantes, les mêmes velléités inabouties, les blessures et les fragilités intactes. On marche, cette fois, pour désespérément tenter de se débarrasser de son histoire au long des routes. On marche pour se fuir, abandonner au bord du chemin des bouts de son identité, fragmenter son personnage. On s'abrutit du rythme lancinant de ses pas, on se saoule de fatigue, on se laisse traverser par le vent hurlant aux sommets, en espérant qu'il emporte tout.

Marcher, penser… Comme on l'a déjà suggéré, le rapprochement de la philosophie et de la marche à pied n'est pas évident. D'abord parce que, dans l'idée qu'on se fait le plus souvent du « métier » de philosophe, on imagine une table surchargée de papiers, dans une pièce tapissée de bibliothèques bourrées de livres, ou bien encore un amphithéâtre dont les fenêtres laissent percer, à peine, une lumière grise. Le philosophe, assez immédiatement pour nous, écrit des livres, enfermé dans son bureau, ou prononce ses conférences devant un public sagement assis. Mais c'est là se donner, sans doute, une vision un peu étroite, en tout cas historiquement datée. La philosophie n'a pas toujours été une « discipline » universitaire cloisonnée, supposant un apprentissage par la lecture et l'écriture, s'authentifiant par des diplômes.

Ce serait la réduire à sa dimension théorique : système de connaissances, savoir démonstratif, etc. Mais, comme on verra, la philosophie peut aussi se comprendre comme une sagesse, un art de vivre, une technique d'existence, une pratique spirituelle. Quoi qu'il en soit, un certain nombre de philosophes ont été des marcheurs réguliers, endurants et, plus encore, ont cherché dans la marche un ressort essentiel de leur inspiration : c'est en marchant qu'ils trouvaient de quoi penser et de quoi écrire. Les trois plus fameux exemples sont français, américain et allemand : Rousseau, Thoreau et Nietzsche. Pour Rousseau, l'expérience des longues marches est surtout celle de son enfance, teintée de nostalgie : ce sont les longs voyages en Italie ou en France du jeune Jean-Jacques, qui sont toujours d'immenses occasions de rêverie. Marcher alors, c'est marcher au grand air, sentir les courants des forces naturelles vous traverser. C'est une expérience de liberté et de légèreté, au sens où l'ouverture du paysage se confond encore avec celle de l'avenir. Marcher, c'est conquérir le monde, aller à l'aventure, braver les éléments, sentir sa force. Plus tard, à mesure que son futur se rétrécit et que s'appesantit le poids du monde et des expériences, Rousseau trouvera dans de longues marches solitaires autre chose : la possibilité de se retrancher des comédies sociales, où on est tenu de jouer un rôle et de porter des masques. Elles deviennent alors l'occasion de méditations qui nous font toujours un peu remonter en deçà de la société et de l'histoire.

Pour Thoreau, la marche relève davantage d'une ascèse réfléchie et quotidienne (quelques heures par jour), mais il faut prendre ici ce terme d'ascèse au sens grec d'« exercice ». Au sens chrétien, l'ascèse renvoie à des privations volontaires, à des souffrances qu'on s'inflige (jeûnes, mortifications diverses, etc.). Au sens grec, l'ascèse (*askêsis*) signifie quelque chose de plus positif : un programme d'exercices qu'on s'impose, parce qu'ils participent à la construction de soi, à l'exigence de donner à son existence une certaine forme, un certain style. Thoreau fait de la marche un exercice spirituel complet. Marcher, ce n'est plus alors s'aménager une parenthèse dans une journée sédentaire, profiter du temps qu'il fait, s'offrir le luxe de déambuler au milieu d'une foule pressée et laborieuse, s'imposer une activité physique... Marcher, pour Thoreau, c'est accomplir un rite : marquer la journée d'une scansion essentielle, structurante, qui confirme une promesse intérieure. La marche quotidienne devient l'équivalent de la prière pour le croyant, du sacrifice pour le prêtre : un geste essentiel par lequel on authentifie un engagement.

Nietzsche est le troisième grand représentant des « philosophes marcheurs » : la marche est, pour lui, l'élément même de l'inventivité créatrice. Penser et créer au grand air, en marchant, lui permettait de s'émanciper de toutes les pesanteurs de l'érudition, et d'atteindre un point de vue supérieur. Nietzsche marchait plusieurs heures par jour : il notait, sur des carnets, les pensées qui lui venaient en route. Son bureau d'été, c'étaient les montagnes de haute Engadine, sa bibliothèque d'hiver les sentiers rocailleux de Gênes ou de Nice.

En deçà même de ces trois figures historiques majeures et de leur importance, le rapprochement entre la marche et la pensée est très fréquent, à la surface même des mots, comme le suggèrent un certain nombre d'expressions : cheminement de la pensée, démarches spéculatives. Si on a compris, avec Rousseau ou Nietzsche, que la route était toujours une invitation à la réflexion, on doit noter, parallèlement, que toute méditation est un parcours.

Pourtant, toutes les formes de pensée ne supportent pas au même degré cette comparaison. Le raisonnement mathématique, l'intuition scientifique, l'esprit de calcul supposent davantage de vitesse : des sauts, des accélérations, des fulgurances. La philosophie, plus que la science, revendique une sorte de lenteur et s'accommode mieux de la patience des longues marches. Philosopher, c'est laisser du temps à la pensée. La méditation demeure longtemps auprès de ses objets, elle les examine méthodiquement et calmement comme chez Descartes. Elle tourne autour, les quitte puis revient sur ses pas. Ou alors, ce sont des digressions à n'en plus finir (Montaigne) : seul compte le plaisir de suivre l'inspiration du moment, car on n'est pas obligé d'*aller quelque part*. La philosophie, moins que toute autre pensée, n'est pas soumise à une obligation de résultat. Elle explore, plus qu'elle ne découvre.

Lenteur donc, et liberté. Nietzsche écrivait, dans *Le Voyageur et son ombre*, qu'il faut toujours se répéter une vérité apprise. Car se la répéter, c'est comme lui donner une seconde jambe : alors elle peut se mettre en marche. Il faut bien saisir cette idée de « répétition ». Se répéter une vérité, ce n'est pas précisément la réciter : c'est, exactement, la reformuler afin de lui faire prendre son chemin en nous. L'idée, c'est que les énoncés philosophiques ne sont pas comme des vérités acquises et définitives, consignées dans des livres ; ce ne sont pas des résultats figés qu'il faudrait avoir produits une fois ; ce ne sont pas des dogmes. Les vérités philosophiques, on les répète pour les faire vivre en soi, les faire avancer : elles tracent leur itinéraire dans l'existence, elles font leur chemin dans la pensée, en évoluant, en bifurquant. Loin de se contenter de les « réciter » mécaniquement, il s'agit en se les répétant de les exposer sous de nouvelles perspectives, sous d'autres lumières, de les laisser mûrir aussi.

Un texte de Platon permet de préciser ce rapport de la philosophie et de la marche : la septième lettre, celle qu'il adresse aux compagnons de Dion. Ce dernier est un Syracusain qui, lors d'un tout premier voyage de Platon en Sicile, avait manifesté des dons exceptionnels pour la philosophie, et devint vite un disciple apprécié. Plus tard, il se retrouve proche du nouveau monarque (Denys le Jeune), et par deux fois, il appelle Platon à venir le rejoindre pour tenter d'inspirer au tyran une politique fondée sur la philosophie. Chaque fois, les rencontres se passent mal, et c'est un désastre (Platon est menacé de mort, vendu comme esclave, etc.). Dans la septième lettre, Platon se souvient de ses visites successives en Sicile, et pose en même temps un certain nombre de questions fondamentales sur la signification de la philosophie. C'est dans ce texte qu'on trouve un long développement sur les modes de connaissance – un texte difficile, qui suscite chez les spécialistes des interrogations innombrables. Platon se demande ce qu'on peut vouloir dire quand on affirme « connaître une chose ». D'abord, tout simplement, connaître son nom. C'est le plus faible degré : j'associe à une chose un nom. Mais on peut aussi connaître la définition d'une chose : on la saisit alors dans sa particularité. On peut dire également qu'on connaît une chose quand on en possède par-devers soi une « image », qu'on peut en dessiner une figure, s'en donner une représentation. Au-delà, on peut avoir de cette chose une « science » : l'intelligence ressaisit les qualités et les propriétés fondamentales, elle se forme une vérité à propos de la chose saisie dans son essence. Platon ne s'arrête pas là, et il évoque un dernier mode de connaissance. Quel est-il ? On pourrait imaginer une intuition fulgurante, une intelligence supérieure... Platon recourt ici à la métaphore du « frottement » : à force de frotter ces quatre manières de connaître les unes contre les autres, on finit par obtenir un rapport intime et familier à la chose, qui définirait le dernier mode. On frotte l'un contre l'autre tous ces éléments (le nom, la définition, l'image, l'opinion vraie), et il en jaillit une certaine lumière. C'est là que l'exemple de la marche peut aider à éclairer le texte de Platon. Soit une promenade, une excursion, une randonnée. On peut donner des noms : Thines, Montselgues, Loubaresse... Les connaître, c'est savoir que des hameaux leur correspondent. Quelque chose comme leur « définition », ce seraient les repères topographiques exacts, leur situation géographique. Et puis il existe des images : photographie, reproduction, souvenirs colorés... Au-delà, la science du paysage, ce sera le savoir géologique complet expliquant les courbes des collines, la nature du terrain, le type de végétation. Mais en marchant longtemps, peut-être atteint-on le cinquième mode : l'être du paysage, conçu cette fois-ci comme sa présence. Marcher, ce serait alors atteindre à un certain mode de connaissance compris comme inscription de la présence. Cette installation de la présence, on peut aussi la comprendre à l'aide de la métaphore de la lampe que Platon utilise pour définir la philosophie : la philosophie, c'est une pensée que l'âme nourrit, comme la flamme de la lampe se nourrit de son huile. Philosopher, c'est faire vivre en soi le paysage de certaines questions. Platon emploie dans sa lettre le terme de *hodos* : la philosophie est une route. Les problèmes ne vivent que d'être parcourus longtemps, et pas d'être résolus en formules écrites. Au fond, on pourrait dire, à partir de ce texte (Foucault opère ce passage dans son cours de 1983 – *Le Gouvernement de soi et des autres* –, prononcé au Collège de France), que la philosophie, ce n'est pas un ensemble de connaissances, c'est une pratique. On pourrait même dire : la philosophie, ce n'est pas un système de savoir, c'est une expérience. Le mot grec pour « expérience », *empeireia*, donne l'adjectif *empeiros*, désignant quelqu'un qui a vécu, qui a été confronté à de nombreuses situations, et en a retiré un discernement supérieur. La racine indo-européenne à laquelle se rattachent tous ces mots est *per*, qui signifie : aller de l'avant, pénétrer dans, traverser.

Reprenons maintenant la lettre de Platon : la philosophie, ce ne sont pas des *mathêmata* (des connaissances à apprendre et réciter), ce ne sont pas des contenus théoriques, mais bien une pratique, un chemin (*hodos*). Si la philosophie est un chemin, c'est qu'elle doit être parcourue : on insiste sur la difficulté, l'exercice, la patience. Mais aussi sur une autre dimension, qu'on pourrait nommer un principe de non-délégation, qui se trouve au cœur de la philosophie et de la marche : personne ne peut faire le chemin à votre place, comme s'il vous donnait simplement, par exemple, les conclusions à lire – ou le topo-guide à consulter. On pourrait laisser quelqu'un d'autre faire les calculs pour nous, et on recueillerait les résultats. Mais le propre de la philosophie, c'est que la pensée n'est pas suspendue au résultat, mais au chemin même de la recherche, à la pratique de soi impliquée par cette recherche. Quand la science se sert de la pensée pour obtenir des résultats, la philosophie veut faire l'expérience de la pensée. On peut évoquer une dernière fois la métaphore de la lampe. Platon disait : c'est comme une lampe qu'on allume, on approche le flambeau de la mèche, et bientôt la flamme prend, parce que la lampe la nourrit de sa propre huile, et on peut retirer la torche. Ainsi de la philosophie, mais avec moins d'immédiateté : il faut la pratiquer longtemps – écouter des cours, lire des livres… –, jusqu'au point où précisément elle continuera toute seule à vivre dans l'âme. On peut alors retirer le professeur et les livres, et l'âme pourra se nourrir de son propre fonds, nourrir la flamme de sa propre huile, comme elle aura installé un paysage de problèmes pour s'y retrouver. La marche et la philosophie sont des « expériences » au sens fort : du fait du principe de non-délégation déjà évoqué (chacun doit mener sa propre expérience) ; mais aussi par le thème de la traversée, de l'effort, du parcours : il n'y a pas d'autre vérité que le chemin de sa recherche.

La comparaison de la marche et de la pensée s'appuie sur la notion de paysage : la philosophie habite les problèmes, comme le marcheur habite les paysages, surtout quand il effectue de très longues marches en montagne ou en plaine, de grandes excursions, des randonnées – autre chose en tout cas qu'une simple promenade : les maisons, il les traverse, mais c'est dans le paysage qu'il demeure. Voilà toute l'expérience du marcheur : en franchissant le seuil, il ne sort pas vraiment de chez lui ; plutôt il va de gîte en gîte, toujours provisoires, gîtes d'un seul soir. Et quand il sort le matin pour marcher, il sort dans ce complexe de vallons, dans ce cirque, dans cette montagne, cette combinaison de collines. Le corps habite alors le paysage, qui devient sa véritable demeure, une présence familière et continue, sans pour autant qu'il y ait fusion. C'est une façon d'être au milieu des choses, avec l'idée que ce « milieu » n'est pas une extériorité étrangère. Au-delà, il y a l'idée que des paysages vous ressemblent. Mais ce n'est pas un simple jeu entre l'âme et l'espace, comme si un état intérieur se projetait dans certaines formes, certains dessins, certaines couleurs. C'est plutôt une rencontre qu'une correspondance. Il s'agit pour chacun de trouver son paysage. Cette découverte se trahit par une vibration soudaine et harmonique entre le corps et le paysage, par une évidence pour le marcheur : c'est bien moi – moi, ce corps vivant –, c'est bien moi ce paysage.

Ce tissage du corps et du paysage par la marche prend d'autres formes encore. On dira d'abord que le paysage, par sa beauté, sa magnificence, nourrit le corps du marcheur : il le remplit d'énergie. L'espace alors n'est pas du tout vécu comme un simple cadre vide, un milieu transparent. Ce n'est pas un espace géométrique, mais comme un immense corps vivant censé transmettre des énergies élémentaires. Ces énergies, c'est ce que Thoreau appelle « *the wild* ». Le *wild*, c'est le sauvage, mais pas au sens d'une origine. *The wild*, c'est ce que Hölderlin désignait comme l'éclat des dieux, ce que Rimbaud appelait la *vigueur* : tout ce qui se trouve, avec son intensité première, dans une Nature encore indomptée, des espaces sauvages, des paysages inhabités. Et marcher, c'est toujours aller en direction de ces forces, en direction, comme Thoreau le dit dans *Walden*, des forces du matin. Ces énergies, ce sont celles qui nous permettent d'avancer, de nous réinventer : les forces intactes de l'avenir. C'est là qu'on pourrait retrouver la philosophie. Car ce que sont au marcheur les énergies premières du grand air ou des forêts, ce qu'on appelle les questions « éternelles » le sont au philosophe. La philosophie n'avance pas par acquis, par capitalisation. C'est une chose que l'on a dite et répétée souvent : il n'y a pas de progrès en philosophie. Comme le marcheur toujours, pour se réinventer, va trouver dans sa marche une descente vers ces forces élémentaires qui sont en même temps celles de l'avenir, ainsi la philosophie puise ses capacités d'invention en affrontant ces questions immenses, qui constituent son éternel printemps.

On peut encore aller plus loin dans l'évocation de cette appropriation active du paysage par le corps du marcheur, pour rendre compte d'une intensité promise. C'est une chose bien connue : vous parvenez en voiture à un point de vue ; vous sortez du véhicule, admirez, contemplez, prenez des photos. Mais parvenir à ce même endroit en marchant plusieurs heures délivre autre chose. Bien sûr, il y a l'effet de l'effort, en ce sens que l'effort physique fragilise, et cette fragilité rend plus sensible, plus impressionnable. D'autre part, il y a la lenteur de la marche, qui permet autre chose qu'une simple prise de vue. Le paysage n'est plus un objet qui m'est opposé, parce que je me le suis approprié lentement, pas après pas. Dès lors, ce n'est pas seulement par les yeux que je prends possession du paysage, mais toutes les fibres du corps se l'approprient, à travers d'autres valeurs que les formes, les volumes, les proportions évalués par le regard : je sens la qualité et la dureté du sol, tous les parfums qui m'imprègnent, les changements de lumière.

Cette idée d'effort permet de faire apparaître un dernier rapport entre le corps et l'espace. L'effort précisément de la marche est régulier, constant, lent, exigeant. Ce qui signifie, si ce n'est une souffrance, au moins une certaine fatigue. La beauté des paysages conquis par la marche est supérieure parce qu'elle apparaît au marcheur sous la figure d'une récompense. On trouve chez Épicure un concept qui peut nous aider à cerner cette figure : la notion de gratitude (*kharis*, en grec). La gratitude, c'est le bonheur pris à se trouver le destinataire d'un don. C'est une attitude de remerciement. Par la gratitude, j'exprime ma joie de recevoir, mais en l'adressant directement à celui qui me donne. La gratitude interdit toute idée de dépendance. Je reçois, mais en retour je ne me trouve pas prisonnier du don : je suis reconnaissant envers celui qui m'a donné, avec l'idée d'une joie de la reconnaissance tout autant que du don reçu. Par l'effort, le marcheur est parvenu au détour d'un col, et la beauté du paysage qui s'ouvre à lui, il la reçoit comme une récompense, comme si le paysage le récompensait de ses efforts par une intensité particulière. Il peut donc *s'abandonner* à la beauté du paysage, plutôt que d'en prendre possession comme celui qui descend simplement d'un véhicule pour en saisir une image. Dans la marche, le rapport entre le corps et le paysage n'est pas un rapport d'image, de représentation. Je ne regarde pas le paysage, mais je m'en imprègne. Comme le dit Nietzsche, et je répète sa formule : « Il est de mon sang, et même plus encore. »

Les titres donnés aux extraits proposés reprennent parfois celui de l'œuvre (ou du chapitre) dont ils sont issus ; ils ont le plus souvent été créés pour les besoins de cette édition à partir d'une citation du texte.

Le lecteur trouvera les sources détaillées des textes en fin d'ouvrage, selon leur ordre d'apparition dans le volume.

Frédéric GROS

I.
TECHNIQUES DE MARCHE

1.

Marcel Mauss

Dans une conférence fameuse intitulée « Les techniques du corps » (1934), Marcel Mauss montre à quel point les postures du corps qui peuvent nous sembler les plus « naturelles », les plus universelles, les plus immédiates, sont en fait commandées par la culture. Il en est ainsi pour la marche. Mettre un pied devant l'autre témoigne d'une appartenance culturelle irréductible. On accepte assez bien l'idée que la manière de marcher puisse varier d'un continent à l'autre, mais Mauss affirme même qu'on peut distinguer par là un Français d'un Anglais.

LES TECHNIQUES DU CORPS

Une anecdote à propos de la *marche*. Vous savez tous que l'infanterie britannique marche à un pas différent du nôtre : différent de fréquence, d'une autre longueur. Je ne parle pas, pour le moment, du balancement anglais, ni de l'action du genou, etc. Or le régiment de Worcester, ayant fait des prouesses considérables pendant la bataille de l'Aisne, à côté de l'infanterie française, demanda l'autorisation royale d'avoir des sonneries et batteries françaises, clique de clairons et de tambours français. Le résultat fut peu encourageant. Pendant près de six mois, dans les rues de Bailleul, longtemps après la bataille de l'Aisne, je vis souvent le spectacle suivant : le régiment avait conservé sa marche anglaise et il la rythmait à la française. Il avait même en tête de sa clique un petit adjudant de chasseurs à pied français qui savait faire tourner le clairon et qui sonnait les marches mieux que ses hommes. Le malheureux régiment de grands Anglais ne pouvait pas défiler. Tout était discordant de sa marche. Quand il essayait de marcher au pas, c'était la musique qui ne marquait pas le pas. Si bien que le régiment de Worcester fut obligé de supprimer ses sonneries françaises. En fait, les sonneries, qui ont été adoptées d'armée à armée, autrefois, pendant la guerre de Crimée, furent des sonneries « au repos », la « retraite », etc. Ainsi j'ai vu d'une façon très précise et fréquente, non seulement pour ce qui était de la marche, mais de la course et de ce qui s'ensuit, la différence des techniques élémentaires aussi bien que sportives entre les Anglais et les Français. M. le Pr Curt Sachs, qui vit en ce moment parmi nous, a fait la même observation. Il en a parlé dans plusieurs de ses conférences. Il reconnaît à longue distance la marche d'un Anglais et d'un Français.

Mais ce n'étaient là que des approches vers le sujet.

Une sorte de révélation me vint à l'hôpital. J'étais malade à New York. Je me demandais où j'avais déjà vu des demoiselles marchant comme mes infirmières. J'avais le temps d'y réfléchir. Je trouvai enfin que c'était au cinéma. Revenu en France, je remarquai, surtout à Paris, la fréquence de cette démarche ; les jeunes filles étaient françaises et elles marchaient aussi de cette façon. En fait, les modes de marche américaine, grâce au cinéma, commençaient à arriver chez nous. C'était une idée que je pouvais généraliser. La position des bras, celle des mains pendant qu'on marche forment une idiosyncrasie sociale, et non simplement un produit de je ne sais quels agencements et mécanismes purement individuels, presque entièrement psychiques. Exemple : je crois pouvoir reconnaître aussi une jeune fille qui a été élevée au couvent. Elle marche, généralement, les poings fermés. Et je me souviens encore de mon professeur de troisième m'interpellant : « Espèce d'animal, tu vas tout le temps tes grandes mains ouvertes ! » Donc il existe également une éducation de la marche.

Sociologie et anthropologie, 1934.

2.

Honoré de Balzac

La démarche exprime davantage qu'une culture nationale déterminée : une éducation, un métier, et même toute une psychologie. « Montre-moi comment tu marches et je te dirai qui tu es », c'est un peu ce défi que tente de relever Balzac dans sa « Théorie de la démarche » (1833), qui constitue l'une de ses « physiologies » les plus célèbres.

THÉORIE DE LA DÉMARCHE

Quand le corps est en mouvement, le visage doit être immobile.

Aussi vous peindrais-je difficilement mon mépris pour l'homme affairé, allant vite, filant comme une anguille dans sa vase, à travers les rangs serrés des flâneurs. Il se livre à la marche comme un soldat qui fait son étape. Généralement il est causeur, il parle haut, s'absorbe dans ses discours, s'indigne, apostrophe un adversaire absent, lui pousse des arguments sans réplique, gesticule, s'attriste, s'égaie. Adieu délicieux mime, orateur distingué !

Qu'auriez-vous dit d'un inconnu qui communiquait transversalement à son épaule gauche le mouvement de la jambe droite, et réciproquement celui de la jambe gauche à l'épaule droite, par un mouvement de flux et reflux si régulier, qu'à le voir marcher, vous l'eussiez comparé à deux grands bâtons croisés qui auraient supporté un habit ? C'était nécessairement un ouvrier enrichi.

Les hommes condamnés à répéter le même mouvement par le travail auquel ils sont assujettis ont tous dans la démarche le principe locomotif fortement déterminé ; et il se trouve soit dans le thorax, soit dans les hanches, soit dans les épaules. Souvent le corps se porte tout entier d'un seul côté. Habituellement les hommes d'étude inclinent la tête. Quiconque a lu la *Physiologie du goût* doit se souvenir de cette expression : *le nez à l'ouest* comme M. Villemain. En effet ce célèbre professeur porte sa tête avec une très spirituelle originalité, de droite à gauche.

Relativement au port de la tête, il y a des observations curieuses. Le menton en l'air à la Mirabeau est une attitude de fierté qui, selon moi, messied généralement. Cette pose n'est permise qu'aux hommes qui ont un duel avec leur siècle. Peu de personnes savent que Mirabeau prit cette audace théâtrale à son grand et immortel adversaire, Beaumarchais. C'étaient deux hommes également attaqués ; et, au moral comme au physique, la persécution grandit un homme de génie. N'espérez rien du malheureux qui baisse la tête, ni du riche qui la lève : l'un sera toujours esclave, l'autre l'a été ; celui-ci est un fripon, celui-là le sera.

Il est certain que les hommes les plus imposants ont tous légèrement penché leur tête à gauche. Alexandre, César, Louis XIV, Newton, Charles XII, Voltaire, Frédéric II et Byron affectaient cette attitude. Napoléon tenait sa tête droite et envisageait tout rectangulairement. Il y avait habitude en lui de voir les hommes, les champs de bataille et le monde moral en face. Robespierre, homme qui n'est pas encore jugé, regardait aussi son assemblée en face. Danton continua l'attitude de Mirabeau. M. de Chateaubriand incline la tête à gauche.

Après un mûr examen, je me déclare pour cette attitude. Je l'ai trouvée à l'état normal chez toutes les femmes gracieuses. La grâce (et le génie comporte la grâce) a horreur de la ligne droite. Cette observation corrobore notre sixième axiome.

Il existe deux natures d'hommes dont la démarche est incommutablement viciée. Ce sont les marins et les militaires.

Les marins ont les jambes séparées, toujours prêtes à fléchir, à se contracter. Obligés de se dandiner sur les tillacs pour suivre l'impulsion de la mer, à terre, il leur est impossible de marcher droit. Ils louvoient toujours ; aussi commence-t-on à en faire des diplomates.

Les militaires ont une démarche parfaitement reconnaissable. Presque tous campés sur leurs reins comme un buste sur son piédestal, leurs jambes s'agitent sous l'abdomen, comme si elles étaient mues par une âme subalterne chargée de veiller au parfait gouvernement des choses d'en bas. Le haut du corps ne paraît point avoir conscience des mouvements inférieurs. À les voir marcher, vous diriez le torse de l'Hercule Farnèse, posé sur des roulettes et qu'on amène au milieu d'un atelier. Voici pourquoi. Le militaire est constamment forcé de porter la somme totale de sa force dans le thorax, il le présente sans cesse, et se tient toujours droit. Or, pour emprunter à Amyot l'une de ses plus belles expressions, tout homme *qui se dresse en pied* pèse vigoureusement sur la terre afin de s'en faire un point d'appui, et il y a nécessairement dans le haut du corps un contrecoup de la force qu'il puise ainsi dans le sein de la mère commune. Alors, l'appareil locomotif se scinde nécessairement chez lui. Le foyer du courage est dans sa poitrine. Les jambes ne sont plus qu'un appendice de son organisation.

Les marins et les militaires appliquent donc les lois du mouvement dans le but de toujours obtenir un même résultat, une émission de force par le *plexus* solaire et par les mains, deux organes que je nommerais volontiers les seconds cerveaux de l'homme, tant ils sont intellectuellement sensibles et fluidement agissants. Or, la direction constante de leur volonté dans ces deux agents doit déterminer une spéciale atrophie de mouvement, d'où procède la physionomie de leur corps.

Études analytiques,
« Pathologie de la vie sociale », 1833.

3.

Victor Segalen

Victor Segalen (1878-1919) a effectué en Chine une série de recherches archéologiques en 1914. Il rédige à cette occasion un ensemble de chapitres courts qui formeront Équipée, *que son auteur construit comme un anti-journal de voyage. On y trouve des notations décalées, ironiques, poétiques, dont une étude de la sandale et du bâton, ces « apanages obligatoires du marcheur » dont il détermine les qualités matérielles précises afin qu'elles puissent servir au mieux la marche.*

DE LA SANDALE ET DU BÂTON

De la sandale et du bâton, je ne dirai rien qui n'ait été senti autrefois – mais que l'on oublie, et qui tombe. Ces apanages obligatoires du marcheur ont perdu leur utilité concrète et sont devenus des symboles ; – des ex-voto du réel accrochés en les cryptes d'un imaginaire désuet. – Ils font partie des accessoires du langage. Ils ne vivent plus. Ils n'ont pas la vigueur élastique, allante… Ils appellent derrière eux les fourgons attelés des mots voyageurs et errants : des chemineaux, des pèlerins, des mendiants et des ermites… Ces mots ne sont plus que des défroques, ou des objets familiers seulement à la vieillesse qui, si peu noble, est souvent si sale et si pauvre. Je voudrais leur rendre un peu de leur jeunesse élastique d'autrefois, un peu de leur en-allée ailée ; – car mieux que des ailes au talon de Mercure, la Sandale rend souple et légère la cheville, et le Bâton divise allégrement le poids.

Le Bâton doit être haut, léger et nerveux. Non pas souple comme un arc, mais sec et rigide. Trop lourd, il encombre ; trop léger, il s'émiette comme une moelle, et l'appuiement n'a pas confiance. Il doit se saisir de haut pour que le bras s'y accroche et se tende sans effort, pour que, précédant l'ascension du corps, le flanc vienne appuyer son hanché, son tour de rein. Il sert, étançonne et appuie beaucoup plus qu'on ne croirait. C'est lui pourtant l'auteur de ces poses « bibliques » ou de ces octogénaires drapés dont les peintres ont coutume sur la foi de modèles peu accoutumés à la marche... Et pourtant, telle est la noble tradition du bâton, que, loin de dénigrer ces poses picturales, maintenant formulées en calques par l'école, on se surprend à les épouser, à les calquer à son tour, malgré soi, dans sa musculature.

Quand on monte, le Bâton vous précède d'un degré, – il prépare, il devance, il tâte le terrain. Il prend appui un peu plus haut que soi. Il fait conquête de la hauteur un peu plus vite que le corps qui le suit. Sa foulée a déjà dominé la marche que l'on monte, où il vous attire et vous tire. Si c'est en plaine, il va de sa grande cadence, d'un pas exactement double de l'humain, il balance avec ampleur l'avancée. On comprend et l'on sent, à marcher ainsi, conquérant la longueur qui traîne, – on comprend de quelle allure corporelle doivent avancer les Puissants. Ce n'est pas en vain que l'Évêque s'appuie sur la crosse, et la fait, tous les deux pas, sonner ; – ce n'est pas sans raison d'équilibre qu'elle se recourbe en avant et se charge de pierres et d'émaux... Le balancé de cette marche, rituelle, est la transcription splendide et périmée de celle des princes pasteurs, dans les pâturages anciens. Mais il ne faut pas, que sur la pierre, on entende sonner le fer, ou le bronze, ou l'or ou le métal. – Le Bâton est un bâton de bois, et doit l'être, et rien de plus. Comme l'homme, un fait de chair et de salive, et de sang du cœur, et d'os et peau douce, et de pensée humaine, et de tous les pensers humains, et rien de plus.

Surtout, il ne faut pas que le bois du bâton soit fibreux, et chargé d'éclisses, ou il blesse sournoisement la main qui le tient.

La Sandale est, pour la plante du pied et tout le poids du corps, l'auxiliaire que le Bâton fait à la paume et au balancé des reins. C'est la seule chaussure du marcheur en terrain libre. C'est le résumé de la chaussure : l'interposé entre le sol de la terre et le corps pesant et vivant. – Symbolique autant que le Bâton, elle est plus sensuelle que lui ; moins ascétique. Mesureuse de l'espace, comme un « pied » mis bout à bout de lui-même ; – grâce à elle, le pied ne souffre pas, et pourtant fait l'expertise délicate du terrain. Grâce à elle, à l'encontre de toute autre chaussure, le pied s'épand et s'étire, et divise bien ses orteils. Le gros travaille séparément, les autres s'écarquillent en éventail. Le talon suit plus légèrement la cheville. On pressent que le terrain va glisser, on résiste. On sait d'avance, juste le temps d'un bond sur le côté, que la roche roule ou résiste...

Nouer et dénouer le cordon de sandales est un geste qu'il faut faire avec soin. Le serrage est un geste délicat ; il faut avoir les doigts justes pour ne pas en dix foulées se blesser ou perdre sa chaussure... Et la plus véritable des sandales est celle-ci : une semelle de paille épaisse, bien feutrée par-dessous, et la liette large qui passe de l'anse du gros orteil, resserre et tend le réseau sur le dos du pied.

Suspendre ses sandales n'est point un geste que l'on fasse ici. Comme tout en Chine d'aujourd'hui, la matière en est précaire et s'use avant deux ou trois étapes… Et d'ailleurs, pour donner attention à cet objet, il faut faire partie du peuple marchand du Sseu-tch'ouan, mieux encore : du peuple porteur, des millions d'hommes de bât dans la même province. L'homme riche ignore la sandale et méprise la marche. L'homme riche, bourgeoisement, s'en va-t-en chaise. Mais le coolie, comprimé sous une charge sur le dos qui dépasse deux cents livres, en pays de montagnes et d'escaliers perpétuels, en étapes qui font plus de deux semaines à six lieues effroyables par jour, le coolie tient plus à ses sandales qu'à ses pieds ou aux tumeurs de sa nuque. Des voyageurs se sont extasiés sur le fait – qu'ils n'ont jamais vu – de porteurs tombés sous le fardeau, sur la route, mourant là. – Je n'ai jamais vu de cadavres de la sorte. Mais toute cette altière et hautaine route de l'abord de la Chine occidentale vers le Tibet est mosaïquée de semelles écrasées, de sandales mortes dans la boue, le froid ou le soleil. – Et rien n'est plus lamentable que ces pas immobiles, pourrissant là.

Mais, que, passant, on se sent allégé de les bien sentir à ses deux pieds !

C'est le contact : la sensation tactile ; la prise de possession du terrain, répétée. – Chaque pas est marqué de chaque foulée du visage dans un air à chaque instant souffleté de nouveau par ma face…

Exprimant ceci que j'ai senti, je note avec attention le plus étonnant : de me trouver, au soir de ce jour, parti d'un point éloigné de dix lieues, arrivé ici, où j'écris, par le seul balancé de mes deux pieds sensibles…

Équipée, 1929.

4.

Jacques Lanzmann

Jacques Lanzmann (1927-2006) devient écrivain et parolier après avoir exercé de nombreux métiers (soudeur, peintre, mineur…). Il découvre tard les joies de la randonnée, mais devient aussitôt un inconditionnel, et même un forcené de la marche à pied (Michel Tournier dira de lui qu'il est « le plus grand marcheur des lettres contemporaines »). Dans Fou de la marche, *il note ses impressions, conte des anecdotes, et réussit une description lyrique du compagnon le plus inséparable du randonneur : son sac à dos. Nous faisons suivre ce texte d'un petit poème, extrait du même ouvrage, à la gloire de la marche.*

DIS-MOI CE QUE TU PORTES…

Le sac à dos est au marcheur ce que la ceinture de sécurité est à l'automobiliste. Sitôt l'habitude prise, on ne peut plus s'en passer.

Bien sanglé au volant de ma voiture, il me semble que j'adhère davantage à la route. Il en va de même pour mon sac. Qu'il soit petit ou grand, selon l'importance des trajets, il me permet de coller au terrain, d'accélérer. Je marche plus vite et mieux dans ma tête en portant quinze kilos qu'en naviguant à vide. Le sac me procure l'équilibre ; il me sert de balancier lorsque je funambulise sur quelque ligne de crête. Mais il est aussi ma maison, bien sûr – tour à tour mon F3, mon palais. Plus rassurant que la tente, si fragile.

C'est encore une vraie caverne d'Ali Baba aux trésors parfois si bien cachés qu'on ne les retrouve qu'au prix de patientes recherches. Tous les randonneurs le savent. Quand il s'agit d'attraper son couteau, sa frontale, son savon, son slip, aussi bien rangés soient-ils, on ne les extirpe qu'après des fouilles fébriles. Sorte de jeu de hasard, de loterie. On tombe d'abord sur l'inutile. Ce qui nous intéresse est toujours ailleurs. Ces incursions, ces excursions de la main, voire du bras entier, confinent au furetage archéologique. On en ressort avec un caillou rose, un diamant bleu, un vieil œuf dur, un chocolat mou.

Cette résistance à livrer l'essentiel décuple l'attachement que l'on porte à son sac. J'ai parlé de F3, de palais. C'est plus et mieux : mon lopin de terre, ma patrie, mon ambassade. À l'intérieur – un vrai capharnaüm, le grand foutoir – se dissimulent l'origine, l'identité du marcheur.

L'invention du sac à dos remonte au début du siècle. Je la tiens pour décisive. C'est autre chose qu'Ariane, que Concorde. Une radicale façon de fendre l'espace. Elle nous vient de Chine, comme presque tout. Des confins du Tibet. Chez nous, peu à peu, le sac a remplacé la musette, qui avait elle-même succédé au baluchon.

Dis-moi ce que tu portes, je ne te dirai pas forcément qui tu es mais je saurai si tu tiens à toi. Rien, pourtant, ne ressemble plus à un sac à dos qu'un autre sac à dos. Mais qu'importent la matière, l'armature, le compartimentage, la sophistication ! L'essentiel, c'est le contenu : un reflet fidèle de nos préoccupations, de nos obsessions. Outre l'indispensable – toujours le même, d'où que l'on vienne, qui que l'on soit –, on trouvera toujours chez l'un davantage de livres, de guides, de cartes ; chez l'autre, davantage de douceurs, de sucreries. Parfois même l'ours en peluche de son enfance. Certains, comme moi, accrochent aux sangles des amulettes, des gris-gris.

Marcher, c'est...

Marcher, c'est aller au bout de soi-même tout en allant au bout du monde.

C'est redécouvrir l'homme qui prenait ses jambes à son cou lorsque le ciel lui tombait dessus.

C'est geler en même temps que les pierres du chemin. Griller au feu du soleil. Partir à l'aube en pleine forme pour revenir sur les genoux en pleine nuit.

Marcher, c'est rencontrer des créatures qu'on ne verrait nulle part ailleurs. Marcher, c'est aussi aller nulle part sans rencontrer personne.

C'est se mettre en vacances de l'existence. C'est exister en dehors des vacances.

Marcher, c'est réussir à dépasser son ombre. C'est pouvoir se doubler soi-même en s'envoyant un gentil salut au passage.

Marcher, c'est caresser le sol, le flatter, l'amadouer. Une manière de se mettre la terre dans sa poche avant qu'elle ne se referme à jamais.

Marcher, c'est être dans le secret des dieux. C'est écouter à leurs oreilles et entendre avec eux des bruissements, des murmures qu'on croyait éteints.

Marcher, c'est se mêler à la conversation des arbres, aux commérages des oiseaux, aux persiflages des reptiles. C'est se fondre dans la nature, se couler au fond du moule.

Marcher, est-ce que cela ne serait pas, en définitive, tourner avec ses pieds, au pas à pas, page après page, le grand livre de la vie ?

Fou de la marche, 1985.

5.

Jacques Lacarrière

Jacques Lacarrière (1925-2005) fut un helléniste incomparable, qui fit découvrir à des générations la Grèce ancienne, notamment à travers son Été grec *(1976), qui se présente comme le carnet de route enthousiaste d'une pérégrination à travers les âges et les cités antiques. En 1974, il parcourt les routes de France à pied sur mille kilomètres, et raconte dans* Chemin faisant *son voyage, en commençant par un éloge des pieds, par lesquels tout arrive et sans lesquels rien n'aurait été possible.*

ÉLOGE DU PIED

Avant tout, je chanterai les pieds. Que la Muse m'inspire car le sujet prête à sourire. Les pieds. Nos pieds. Qui nous portent et que nous portons. Façonnés par une évolution subtile et millénaire qui les rendit plus fins que ceux des Primates supérieurs, moins prenants que ceux des Primates inférieurs, plus aptes à la station debout que ceux des Plantigrades. Souvent, il m'arrivait le soir, au cours des premiers jours de cette longue marche, de contempler mes pieds avec étonnement : c'est avec ça, me disais-je, que nous marchons depuis l'aube des temps hominiens et que nous arpentons la terre. Ça, c'est-à-dire une cheville (avec un tendon dit d'Achille mais avait-il un nom avant Homère?), un cou, une plante, des doigts. Le tout soutenu, charpenté par l'astragale, le calcanéum, le tarse, le métatarse et les phalanges. À quoi il faut ajouter, pour la région antérieure du tarse, le cuboïde, le scaphoïde et les cunéiformes. Ainsi nos pieds portent-ils en eux un monde à découvrir. L'étymologie a beau en être fausse, j'aime à me dire que dans astragale il y a astre plutôt que gale, que phalanges évoquent la poussière des armées romaines marchant à travers la Gaule, cunéiformes les tablettes de cire exhumées des sables du Moyen-Orient et tarse, outre la ville d'Asie Mineure où naquit saint Paul, un petit animal oriental du genre lémure, le tarsier, qui ouvre toujours sur le monde de grands yeux étonnés.

On nourrit sur la marche des idées souvent singulières. Ou elle n'est qu'un moyen pédestre de se rendre d'un lieu à un autre (qu'illustre parfaitement l'expression *pedibus cum jambis*) ou elle devient un exercice forcené et un sport absurde et exténuant : la course Strasbourg-Paris par exemple. Entre ces deux extrêmes, la marche routinière et la marche routière, bée un grand vide : la marche buissonnière. C'est elle – elle seule – que j'ai pratiquée dans cette traversée pédestre de la France qui me mena en quatre mois des Vosges jusqu'aux Corbières. J'ai marché pour l'unique plaisir de découvrir au fil des jours et des chemins un pays et des habitants qu'au fond je connaissais fort peu. Pendant de longues années, la France ne fut pour moi qu'un relais hivernal entre deux étés grecs. Adolescent, j'avais déjà parcouru en groupe – « au temps du Maréchal » comme on disait dans les chansons – les routes de Sologne et les chemins du Val de Loire. Mais ces marches en groupe me laissaient sur ma faim. J'y décelai déjà cette déformation typique qui par la suite donna naissance aux randonneurs. Par curiosité, j'ai recherché l'étymologie de ce mot et ne fus nullement surpris de voir que randonner vient de *randon*, vieux mot français signifiant fatigue, épuisement. *Courir à randon* c'est courir jusqu'à épuisement et *randir*, se déplacer avec ardeur et impétuosité. Il y a dans tous ces termes une urgence de marcher, une impatience d'être ailleurs qui est tout le contraire de la promenade ou de la flânerie.

L'itinéraire ne posait en lui-même aucun problème particulier. À pied, on peut passer partout, même dans les sylves les plus denses. Je ne m'étais fixé qu'un seul impératif, conforme à mon désir : aller du nord vers le sud, et avoir en pensée, sans cesse, au cours de cette marche, l'image de la Méditerranée. D'où partir ? J'hésitai un moment entre le Cotentin, les Ardennes et les Vosges. Mais le seul mot de Cotentin m'exaspérait. Il évoquait pour moi des ondoiements monotones et calcaires, de longs ennuis dans des bocages verts. (Et un jeune lecteur s'insurgera devant cet adjectif : un long ennui. « Quelle injure pour le pays du Chevalier des Touches et celui des *Diaboliques*, le mien. ») Les Ardennes me tentaient davantage par leurs grandes forêts. Mais au sud il y avait ces régions tristes et trop chargées d'histoire : l'Argonne, Verdun, Valmy. Je ne voulais pas d'un pèlerinage militaire. J'optais donc pour les Vosges et Saverne. Ce nom vient de *tres tavernae*, les trois tavernes. Il évoque des pièces enfumées par les pipes et des chopes de bière. C'est bien ainsi que la ville m'apparut lorsque j'y débarquai : filles blondes, tavernes à bière, étalages de cochonnailles. Ces marches de la Germanie constituaient l'exact contrepoint de mon lieu de destination : les marches de l'Espagne.

Marcher ne serait rien en soi, fût-ce pendant près de mille kilomètres, s'il ne fallait emporter un certain nombre de choses indispensables. Il faut être autonome, pouvoir dormir çà et là dans les hasards du crépuscule, se passer, lorsque c'est nécessaire, de ces hôtels-pensions toujours combles en août et fermés en octobre, de ces tristes cafés aux sinistres sandwichs. Mais cette autonomie coûte cher quant au poids. Chemin faisant, j'ai allégé mon sac à dos de tout ce qui m'apparut inutile. J'ai donc éliminé la tente et le tapis de sol trop lourds à porter, pour ne garder qu'un sac de couchage suffisant pour les nuits sans pluie et les granges des fermes. Le reste ? Quelques vêtements de rechange, un peu de pharmacie, une torche électrique, un couteau, des provisions succinctes, un gros carnet de notes, des cartes d'état-major et une bouteille plate de whisky que par la suite j'emplis consciencieusement de rhum à chaque étape. Aux pieds, les inusables Pataugas, mes plus fidèles compagnons, qui, au terme de ces mille kilomètres, n'accusèrent qu'une usure raisonnable : deux trous nets et ronds à l'endroit de la plante et quelques déchirures de la toile, dues aux ronces.

Ainsi prêt, je me rendis à Saverne, décidé à parcourir la France sans autre repère que mes cartes, à ne rallier les grandes villes que contraint et forcé. Et le matin du grand départ, je notai sur mon journal de bord : Lieu : Saverne. Jour : Dimanche. Date : 8 août. Heure : 9 heures du matin. Vent : force 2. Ciel : légèrement nuageux. Terre : moutonnante et boisée. Bruits : son des cloches dominicales, cris du marché, sirènes des péniches. Chats : déjà endormis au soleil. Savernois : affables mais indifférents à ceux qui partent pour longtemps sur les routes.

Chemin faisant, 1973.

6.

Édith de La Héronnière

Le randonneur sait aussi que ses pieds, trop durement sollicités, peuvent lui faire vivre un enfer, et se venger terriblement de ce qu'on leur fait subir. Édith de La Héronnière, dans le récit qu'elle livre de son pèlerinage à Compostelle (voir aussi infra, p. 202), nous fait part de ces moments de souffrance aiguë qu'a pu connaître tout marcheur, quand le frottement mille fois répété finit par mettre les chairs à vif, et que chaque pas alors devient une épreuve.

LE FROTTEMENT DE LA CHAUSSURE

Le cauchemar bat son plein. Un pugilat se livre entre le pied et la chaussure, le cuir frotte contre le talon où la douleur s'est installée sous forme d'élancements tantôt fulgurants, tantôt lancinants. On dit que le corps dégage de lui-même les anticorps qui le protègent des menaces. La douleur ressemble à ces encres que sécrètent les sèches en cas de danger. En créant un désordre dans le désordre, elle noie le poisson de mon désarroi.

– C'est psychologique, dit Tancred en pétrissant mon pied de massages assassins. Si tu comprends la nature de ta douleur, elle disparaîtra.

Et c'est là que le bât blesse. Car latins et puritains n'envisagent pas la souffrance de la même manière. Les uns s'en remettent au ciel, les autres à la conscience. « Faisons confiance au malheur », pense le latin en son for intérieur. « Ne restons pas dans le flou, recherchons les causes, extirpons le mal », pense le puritain en qui sommeillera toujours un pionnier mâtiné d'un pasteur. Élucider, ne pas laisser en soi de zones d'ombre afin que chacun de nos actes soit un et indivisible, tel est le désir de pureté auquel se heurte mon vague latin, mon attente du miracle, intervention surnaturelle qui réordonnerait sans trop d'efforts mon chaos intérieur.

Car j'ai beau donner du sens à tour de bras à cette crampe dont s'est épris mon talon, la douleur redouble. Pis : je ne vois pas le rapport de cause à effet entre la psychologie et le frottement de la chaussure de marque Patrick sur mon tendon d'Achille. Une détresse nouvelle se greffe sur la détresse première : l'incapacité à comprendre mes maux. Et le conflit de nos mentalités, de nos manières d'appréhender le réel, cristallise l'extrême difficulté en même temps que les ferments internes d'un projet commun.

Ce qui n'empêche nullement la joie, dont Tarkovsky a affirmé qu'elle était « une incompréhension de la situation dans laquelle on se trouve ».

Mais pouvoir dire « j'ai mal » sans qu'aussitôt les regards s'altèrent autour de vous ; pouvoir souffrir sans qu'il y ait exégèse : voilà de l'amitié possible. Laissez-moi mon pied ! Ne me le volez pas ! Laissez-moi le poser comme je peux – en biais de préférence. Permettez-moi de boiter, de grimacer, de m'arrêter parfois. Laissez-moi négocier chaque contact avec le sol. Il faut de l'espace à la douleur ! Les conseils et les calmants l'étouffent. Même si elle est en trop, la douleur a droit à l'existence. Il lui faut de la place pour s'étirer, du temps pour se développer, de la patience pour se résorber. Elle saura bien atteindre toute seule son aigu pour redescendre ensuite vers les graves et mourir.

Elle ira à son apex en dehors de tout système de défense, de fuite ou de guérison. Je m'applique à entrer dans ma douleur.

Je ne dirai pas « j'ai mal », pensais-je en posant précautionneusement le pied sur la chaussée inégale. De loin, le chemin apparaît comme une surface plane. Rien n'est moins plat en réalité. Sous la semelle règne le chaos : gouffres, pointes, rocs, monts, bosses, trous. À la loupe, cela ressemble au Dévoluy. Et il s'agit de marcher là-dessus. L'arête d'un silex m'envoie une décharge jusque dans l'oreille. La motte de boue séchée déséquilibre ma frêle architecture montée sur pilotis. Je repose sur deux voûtes plantaires, deux fragiles arches au-dessus desquelles s'élèvent ces piliers que sont les jambes, ce clocher qu'est la tête, ces chapiteaux que sont les hanches, les épaules, les coudes, les genoux, nœuds de la composition. Un simple caillou menace ce temple, un tendon à vif l'enflamme de la base au sommet, quelques pollens dans l'air d'été le secouent de violents éternuements, une averse le change en fontaine pétrifiante. Et je devrais amener cette charpente-là jusqu'à Compostelle, aux pieds d'un Matamore qui s'en moque ?

La Ballade des pèlerins, 1993.

7.

Alexandra David-Néel

On peut finir ce panorama technique de la marche à pied par un rêve de légèreté immense : marcher comme on vole. Dans la tradition du bouddhisme zen, on rappelle que « le promeneur habile ne laisse aucune trace » (Tao te king). Comme le commente Alan Watts : « Le promeneur exercé n'utilise que l'énergie indispensable pour avancer. Il ne laisse pas de traces puisque, marchant d'un pas léger, il ne soulève pas de poussière. » (L'Esprit du Zen, Le Seuil, 1976, p. 107). Dans cette perspective, Alexandra David-Néel (1868-1969) décrit sa rencontre avec un loung-gom-pa, *un moine ayant développé une gymnastique de la respiration et une technique de la concentration telles qu'elles lui permettent de parcourir des distances immenses, à grande vitesse et sans s'arrêter.*

UNE GYMNASTIQUE DE LA RESPIRATION

Par le terme collectif *loung-gom* les Tibétains désignent de très nombreuses pratiques, visant des buts divers, les uns spirituels les autres physiques, qui combinent la concentration d'esprit avec différentes gymnastiques de la respiration. Cependant, le nom de *loung-gom* est plus spécialement appliqué à un genre d'entraînement mi-psychique, mi-physique, destiné à faire acquérir à celui qui le pratique une légèreté et une célérité supra-normales. Le *loung-gom-pa* est un athlète capable de parcourir, avec une rapidité extraordinaire, des distances considérables, sans se sustenter, ni prendre de repos.

Les Tibétains parlent beaucoup de ces *loung-gom-pas*, et des exemples de voyages effectués pédestrement, à une allure anormalement vive, sont mentionnés dans nombre d'anciennes traditions.

Nous lisons dans l'autobiographie de Milarespa que chez le lama qui lui enseigna la magie noire résidait un moine qui courait plus vite qu'un cheval.

Milarespa se vante d'être lui-même parvenu, après son entraînement, à accomplir, en quelques jours, un parcours qui, auparavant, lui avait demandé plus d'un mois. L'habile régulation de « l'air interne » est, dit-il, la cause de cette faculté spéciale.

Il est, toutefois, à remarquer que l'exploit requis du *loung-gom-pa* se rapporte plus à une miraculeuse endurance qu'à une rapidité momentanée de sa course. Il ne s'agit pas pour lui de fournir à toute vitesse une course de 12 à 15 kilomètres, comme dans nos épreuves sportives, mais, comme il vient d'être dit, de couvrir, sans arrêt, des distances de plusieurs centaines de kilomètres, en soutenant une allure de *marche* excessivement vive.

En plus des informations que j'ai recueillies sur les méthodes d'entraînement employées pour atteindre ce but, j'ai eu l'occasion de jeter un coup d'œil sur quelques *loung-gom-pas*. Cependant, bien qu'un bon nombre de moines s'efforcent de pratiquer les exercices de *loung-gom*, il est certain que très peu obtiennent le résultat qu'ils souhaitent et les véritables *loung-gom-pas* doivent être fort rares.

Ma première rencontre avec un *loung-gom-pa* eut lieu dans le désert d'herbe au nord du Tibet.

Vers la fin de l'après-midi, nous chevauchions en flânant à travers un vaste plateau, lorsque je remarquai, très loin devant nous, un peu sur notre gauche, une minuscule tache noire que mes jumelles me montrèrent comme étant un homme. Je fus très surprise. Les rencontres ne sont pas fréquentes dans cette région, depuis dix jours nous n'avions pas vu un être humain. De plus, des gens à pied et seuls ne s'aventurent guère dans ces immenses solitudes. Qui pouvait être ce voyageur ?

Un de mes domestiques émit l'opinion que l'homme avait peut-être fait partie d'une caravane de marchands qui, attaquée par des brigands, s'était débandée. Il pouvait avoir fui pour sauver sa vie et se trouver, maintenant, perdu dans le désert.

La chose était possible et, si tel était le cas, j'emmènerais le rescapé avec moi jusqu'à un camp de *dokpas* ou à n'importe quel endroit se trouvant sur ma route où il désirerait se rendre.

Comme je continuais à l'observer avec mes jumelles, je m'aperçus que sa démarche était singulière et qu'il avançait étrangement vite. Bien qu'à l'œil nu mes gens ne pussent guère distinguer qu'un point noir se mouvant sur l'herbe, il ne se passa pas très longtemps avant qu'ils ne remarquassent aussi la vitesse surprenante avec laquelle ce point se déplaçait. Je leur passai les jumelles et l'un d'eux ayant regardé pendant quelques minutes murmura : *Lama loung-gom-pa tching da* (on dirait un lama *loung-gom-pa*).

Les mots *loung-gom-pa* éveillèrent immédiatement mon intérêt. Il ne m'était encore jamais arrivé de voir un expert *loung-gom-pa* accomplissant une de ces prodigieuses randonnées dont il est tant parlé au Tibet. Cette heureuse chance allait-elle m'échoir ?

L'homme continuait à approcher et la rapidité de son allure devenait de plus en plus évidente. Que devais-je faire s'il était un véritable *loung-gom-pa* ? Je désirais l'observer de près, causer avec lui, lui poser des questions, et, aussi, le photographier... Je désirais beaucoup de choses.

Mais dès les premiers mots que je prononçai à ce sujet, le domestique qui avait, le premier, reconnu la démarche du *loung-gom-pa* s'écria :

« Révérente dame, vous n'allez pas arrêter le lama, ni lui parler, n'est-ce pas ? Il en mourrait certainement. Lorsqu'ils voyagent, ces lamas ne doivent point interrompre leur méditation. Le dieu qui est en eux s'échappe s'ils cessent de répéter les formules magiques et, en les quittant avant le temps convenable, il les secoue si violemment qu'il les tue. »

L'avertissement exprimé de cette façon paraissait absurde, néanmoins, il n'était pas complètement à négliger. D'après ce que je savais de la technique du procédé, l'homme marchait dans un état de transe. Par conséquent, il était probable que, bien qu'il n'en dût pas mourir, il éprouverait un choc nerveux pénible s'il était brusquement tiré de cet état particulier. Jusqu'à quel point ce choc pouvait-il être dangereux, je n'en savais rien et ne voulais pas faire du lama l'objet d'une expérience, peut-être cruelle, dont je ne pouvais mesurer les suites. Une autre raison m'empêchait aussi de satisfaire ma curiosité.

Les Tibétains m'avaient acceptée comme une dame lama. Ils savaient que j'étais bouddhiste et ne pouvaient deviner la différence existant entre ma conception purement philosophique du bouddhisme et le bouddhisme lamaïste. Ainsi, pour jouir de la confiance et du respect que m'attirait l'habit religieux que je portais[1], j'étais

---

1. En ayant, d'ailleurs, légitimement le droit. Je ne me serais pas permis ce genre de déguisement.

forcée d'observer les coutumes tibétaines et, plus spécialement encore, les coutumes religieuses.

Cette contrainte constituait pour moi un obstacle sérieux au point de vue des quelques observations scientifiques que j'aurais pu faire, mais elle était le prix dont il me fallait payer mon admission sur un terrain encore bien plus jalousement gardé que ne l'est le territoire du Tibet.

Une fois de plus, je dus réprimer mon désir de me livrer à une enquête et me contenter de la vue du singulier voyageur.

Il était arrivé à une petite distance de nous. Je pouvais distinguer nettement sa face impassible et ses yeux largement ouverts qui semblaient contempler fixement un point situé quelque part, haut, dans l'espace vide. Le lama ne courait point. Il paraissait s'enlever de terre à chacun de ses pas et avancer par bonds, comme s'il avait été doué de l'élasticité d'une balle. Il était vêtu de la robe et de la toge monastiques usuelles, toutes deux passablement râpées. Sa main gauche s'agrippait à un pli de la toge et demeurait à moitié cachée par l'étoffe. Sa main droite tenait un *pourba*[1]. En marchant, il remuait légèrement le bras droit, rythmant son pas comme si le *pourba*, dont la pointe se trouvait fort éloignée du sol, eût été véritablement en contact avec lui et qu'il s'y fût appuyé comme sur une canne.

Mes domestiques étaient descendus de cheval et se prosternèrent la face contre terre lorsque le lama passa devant nous ; mais lui continua son chemin sans paraître remarquer notre présence.

Dieux et démons des solitudes tibétaines, 2004.

---

1. Un poignard rituel.

II.
PROMENADES

8.

Marcel Proust

Les promenades de Proust sont devenues des références littéraires incontournables. Le côté de Guermantes et le côté de Méséglise sont d'immenses réservoirs poétiques, des vertiges d'imaginaire. Proust décrit les promenades de l'enfance, les siennes : des marches qui font lever des fantômes, animent des présences, et qui constituent tout à la fois des initiations, des rituels et des aventures.

Il y avait deux côtés pour les promenades...

Nous rentrions toujours de bonne heure de nos promenades pour pouvoir faire une visite à ma tante Léonie avant le dîner. Au commencement de la saison, où le jour finit tôt, quand nous arrivions rue du Saint-Esprit, il y avait encore un reflet du couchant sur les vitres de la maison et un bandeau de pourpre au fond des bois du Calvaire, qui se reflétait plus loin dans l'étang, rougeur qui, accompagnée souvent d'un froid assez vif, s'associait, dans mon esprit, à la rougeur du feu au-dessus duquel rôtissait le poulet qui ferait succéder pour moi au plaisir poétique donné par la promenade, le plaisir de la gourmandise, de la chaleur et du repos. Dans l'été au contraire, quand nous rentrions, le soleil ne se couchait pas encore ; et pendant la visite que nous faisions chez ma tante Léonie, sa lumière qui s'abaissait et touchait la fenêtre était arrêtée entre les grands rideaux et les embrasses, divisée, ramifiée, filtrée, et incrustant de petits morceaux d'or le bois de citronnier de la commode, illuminait obliquement la chambre avec la délicatesse qu'elle prend dans les sous-bois. Mais certains jours fort rares, quand nous rentrions, il y avait bien longtemps que la commode avait perdu ses incrustations momentanées, il n'y avait plus quand nous arrivions rue du Saint-Esprit nul reflet de couchant étendu sur les vitres et l'étang au pied du calvaire avait perdu sa rougeur, quelquefois il était déjà couleur d'opale et un long rayon de lune qui allait en s'élargissant et se fendillait de toutes les rides de l'eau le traversait tout entier. Alors, en arrivant près de la maison, nous apercevions une forme sur le pas de la porte et maman me disait :

« Mon Dieu ! voilà Françoise qui nous guette, ta tante est inquiète ; aussi nous rentrons trop tard. »

Et sans avoir pris le temps d'enlever nos affaires, nous montions vite chez ma tante Léonie pour la rassurer et lui montrer que, contrairement à ce qu'elle imaginait déjà, il ne nous était rien arrivé, mais que nous étions allés « du côté de Guermantes » et, dame, quand on faisait cette promenade-là, ma tante savait pourtant bien qu'on ne pouvait jamais être sûr de l'heure à laquelle on serait rentré.

« Là, Françoise, disait ma tante, quand je vous le disais, qu'ils seraient allés du côté de Guermantes ! Mon Dieu ! ils doivent avoir une faim ! Et votre gigot qui doit être tout desséché après ce qu'il a attendu. Aussi est-ce une heure pour rentrer ! Comment, vous êtes allés du côté de Guermantes !

— Mais je croyais que vous le saviez, Léonie, disait maman. Je pensais que Françoise nous avait vus sortir par la petite porte du potager. »

Car il y avait autour de Combray deux « côtés » pour les promenades, et si opposés qu'on ne sortait pas en effet de chez nous par la même porte, quand on voulait aller d'un côté ou de l'autre : le côté de Méséglise-la-Vineuse, qu'on appelait aussi le côté de chez Swann parce qu'on passait devant la propriété de M. Swann pour aller par là, et le côté de Guermantes. De Méséglise-la-Vineuse, à vrai dire, je n'ai jamais connu que le « côté » et des gens étrangers qui venaient le dimanche se promener à Combray, des gens que, cette fois, ma tante elle-même et nous tous ne « connaissions point » et qu'à ce signe on tenait pour « des gens qui seront venus de Méséglise ». Quant à Guermantes je devais un jour en connaître davantage, mais bien plus tard seulement ; et pendant toute mon adolescence, si Méséglise était pour moi quelque chose d'inaccessible comme l'horizon, dérobé à la vue, si loin qu'on allât, par les plis d'un terrain qui ne ressemblait déjà plus à celui de Combray, Guermantes lui ne m'est apparu que comme le terme plutôt idéal que réel de son propre « côté », une sorte d'expression géographique abstraite comme la ligne de l'équateur, comme le pôle, comme l'orient. Alors, « prendre par Guermantes » pour aller à Méséglise, ou le contraire, m'eût semblé une expression aussi dénuée de sens que prendre par l'est pour aller à l'ouest. Comme mon père parlait toujours du côté de Méséglise comme de la plus belle vue de la plaine qu'il connût et du côté de Guermantes comme du type de paysage de rivière, je leur donnais, en les concevant ainsi comme deux entités, cette cohésion, cette unité qui n'appartiennent qu'aux créations de notre esprit ; la moindre parcelle de chacun d'eux me semblait précieuse et manifester leur excellence particulière, tandis qu'à côté d'eux, avant qu'on fût arrivé sur le sol sacré de l'un ou de l'autre, les chemins purement matériels au milieu desquels ils étaient posés comme l'idéal de la vue de plaine et l'idéal du paysage de rivière, ne valaient pas plus la peine d'être regardés que par le spectateur épris d'art dramatique les petites rues qui avoisinent un théâtre. Mais surtout je mettais entre eux, bien plus que leurs distances kilométriques la distance qu'il y avait entre les deux parties de mon cerveau où je pensais à eux, une de ces distances dans l'esprit qui ne font pas qu'éloigner, qui séparent et mettent dans un autre plan. Et cette démarcation était rendue plus absolue encore parce que cette habitude que nous avions de n'aller jamais vers les deux côtés un même jour, dans une seule promenade, mais une fois du côté de Méséglise, une fois du côté de Guermantes, les enfermait pour ainsi dire loin l'un de l'autre, inconnaissables l'un à l'autre, dans les vases clos et sans communication entre eux, d'après-midi différents.

Quand on voulait aller du côté de Méséglise, on sortait (pas trop tôt et même si le ciel était couvert, parce que la promenade n'était pas bien longue et n'entraînait pas trop) comme pour aller n'importe où, par la grande porte de la maison de ma tante sur la rue du Saint-Esprit. On était salué par l'armurier, on jetait ses lettres à la boîte, on disait en passant à Théodore, de la part de Françoise, qu'elle n'avait plus d'huile ou de café, et l'on sortait de la ville par le chemin qui passait le long de la barrière blanche du parc de M. Swann. Avant d'y arriver, nous rencontrions, venue au-devant des étrangers, l'odeur de ses lilas. Eux-mêmes, d'entre les petits cœurs verts et frais de leurs feuilles, levaient curieusement au-dessus de la barrière du parc, leurs panaches de plumes mauves ou blanches que lustrait, même à l'ombre, le soleil où elles avaient baigné. Quelques-uns, à demi cachés par la petite maison en tuiles appelée maison des Archers, où logeait le gardien, dépassaient son pignon gothique de leur rose minaret. Les Nymphes du printemps eussent semblé vulgaires, auprès de ces jeunes houris qui gardaient dans ce jardin français les tons vifs et purs des miniatures de la Perse. Malgré mon désir d'enlacer leur taille souple et d'attirer à moi les boucles étoilées de leur tête odorante, nous passions sans nous arrêter, mes parents n'allant plus à Tansonville depuis le mariage de Swann, et, pour ne pas avoir l'air de regarder dans le parc, au lieu de prendre le chemin qui longe sa clôture et qui monte directement aux champs, nous en prenions un autre qui y conduit aussi, mais obliquement, et nous faisait déboucher trop loin.

Du côté de chez Swann, « Combray », 1913.

9.

William Hazlitt

William Hazlitt (1778-1830) est surtout connu comme critique littéraire (il est l'auteur d'essais remarqués sur Shakespeare). Il fut l'ami d'artistes reconnus comme Coleridge, Wordsworth (immense poète et très grand marcheur), ou Lamb. Bien plus tard, Stevenson, un autre écrivain marcheur, le considérera comme un auteur absolument majeur. Dans ce texte de 1822 (On going a Journey), *Hazlitt décrit les délices de la promenade solitaire : jouir des beautés de la Nature, sans avoir à s'en expliquer, les ressentir sans médiation.*

JE NE SUIS JAMAIS MOINS SEUL QUE LORSQUE JE SUIS SEUL

L'une des plus plaisantes choses du monde est de partir en voyage ; mais j'aime à partir seul. Je puis jouir de la compagnie dans une pièce ; mais au dehors, la nature me suffit. Je ne suis jamais moins seul que lorsque je suis seul.

Les prés étaient son étude, la nature son livre.

Je ne vois pas que ce soit faire preuve d'esprit de marcher et parler en même temps. Quand je suis à la campagne, je souhaite végéter comme elle. Je ne suis pas de ceux qui critiquent les haies ou le bétail noir. Je quitte la ville pour oublier la ville et ce qui s'y trouve. Certains, dans ce but, partent pour les villes d'eaux où ils emportent la métropole. Je préfère avoir plus d'aise, moins de tracas. J'aime la solitude pour elle-même, quand je m'y abandonne ; et je ne demande pas

> un ami dans cette retraite
> Auquel murmurer « la solitude est douce ».

L'âme d'un voyage, c'est la liberté, une liberté parfaite, de penser, ressentir, agir juste comme cela nous chante. Nous partons en voyage essentiellement pour nous affranchir de tous les obstacles et de nos préoccupations ; pour nous laisser derrière, bien plus que pour nous débarrasser des autres. Parce qu'il me faut un peu d'espace pour songer à des choses indifférentes où la Contemplation

> Pourra lisser, laisser pousser des ailes
> Qui, dans le tumulte du monde,
> N'étaient que trop ébouriffées, voire abîmées,

je m'esquive de la ville pour un temps, sans me sentir désemparé dès que je suis abandonné à moi-même. Au lieu d'un ami dans une chaise ou un tilbury avec qui échanger des bons mots ou revenir sur les vieux sujets éculés, qu'on me permette pour une fois de faire trêve d'impertinence. Qu'on me donne un ciel bleu clair au-dessus de la tête, une herbe verte sous le pied, une route qui serpente devant moi et une promenade de trois heures avant le dîner – et puis la réflexion ! C'est bien le diable si je ne puis commencer quelque jeu sur ces landes solitaires. Je ris, je cours, je saute, je chante de joie. Du haut de ce nuage gonflé, là-bas, je plonge dans mon être passé pour m'y ébaudir, comme l'Indien à la peau brûlée s'élance tête la première dans la vague qui le ramène à son rivage natal. Puis des choses longtemps oubliées, comme des « épaves coulées ou des trésors à l'ombre » éclatent à mon regard avide et je me mets à sentir, penser, à redevenir moi-même. Loin d'être un silence ingrat, rompu par des tentatives d'esprit ou d'ennuyeux lieux communs, le mien est ce silence permanent du cœur qui seul est éloquence parfaite. Personne plus que moi n'aime les jeux de mots, les allitérations, les antithèses, la discussion et l'analyse ; mais je préférerais parfois les oublier. « Laissez-moi, oh, laissez-moi à ma quiétude ! » Je me consacre en ce moment à une autre tâche qui vous paraîtrait oisive, mais il s'agit de « l'étoffe même de ma conscience ». Cette rose sauvage n'est-elle pas assez douce sans commentaire ? Cette marguerite ne me saute-t-elle pas au cœur, sertie dans son manteau d'émeraude ? Pourtant, si je vous expliquais les circonstances qui me l'ont rendue si chère, vous souririez. Ne vaut-il donc pas mieux garder cela pour soi, pour s'y attarder, d'ici à cette pointe escarpée, et de là jusqu'à l'horizon éloigné ? Je ferais un mauvais compagnon tout au long et préfère donc être seul. J'ai entendu dire qu'on pouvait, quand on a des accès de songerie, marcher ou chevaucher tout seul et se consacrer à ses rêveries. Mais cela ressemble à de mauvaises manières, une négligence d'autrui et vous vous dites sans cesse que vous devez rejoindre votre groupe. « Foin de ces compagnies mitigées », m'exclamé-je. J'aime être entièrement à moi, ou entièrement à la disposition d'autrui ; parler ou me taire, marcher ou rester assis, être sociable ou solitaire. Une observation de Mr Cobbett m'a fait plaisir qui trouvait « que c'était une mauvaise habitude française que celle de boire du vin pendant le repas et que l'Anglais ne devait faire qu'une seule chose à la fois ». Aussi ne puis-je parler et penser, m'abandonner à une divagation mélancolique et une conversation enjouée par à-coups. « Qu'on me donne un compagnon à ma guise, déclare Sterne, ne serait-ce que pour remarquer comment l'ombre s'allonge au tomber du soleil. » Voilà qui est joliment dit : mais, à mon estime, cette comparaison constante de notes trouble l'impression involontaire des choses sur notre esprit, blesse le sentiment. Si l'on fait allusion à ses sentiments par une sorte de mimique, c'est insipide : si on doit les expliquer, c'est transformer un plaisir en labeur. On ne peut lire le livre de la nature sans avoir le désagrément constant de la traduire à l'intention d'autrui. Je penche pour l'art synthétique du voyage, de préférence à l'analytique. Il me suffit d'abord d'engranger ma réserve d'idées, quitte à l'examiner et la disséquer par la suite. Je veux voir mes notions imprécises voguer comme le duvet du chardon devant la brise, sans qu'elles s'emmêlent dans les ronces ou les épines de la controverse. Pour une fois, j'aime que les choses aillent comme je l'entends ; et cela est impossible, à moins d'être seul, ou dans une compagnie à laquelle je n'aspire pas. Je n'ai aucune objection à discuter d'un point donné pendant vingt milles d'une route bornée, mais pas pour le plaisir. Si vous flairez l'odeur d'un champ de haricots en travers de la chaussée, votre compagnon n'a peut-être aucun odorat. Si vous indiquez un objet éloigné, il est peut-être myope et il lui faut extirper sa lunette pour l'apercevoir. L'air recèle une sensation, la couleur de ce nuage une tonalité qui frappent votre imagination, mais vous n'êtes pas disposé à en expliciter l'effet. La compréhension est donc inexistante, on s'efforce seulement, avec peine, d'y arriver, l'insatisfaction vous poursuit et engendre finalement la mauvaise humeur. Tout au contraire, je ne me dispute jamais avec moi-même et admets toutes mes conclusions jusqu'au jour où je ressens le besoin de les défendre contre de nouvelles objections. Ce n'est pas seulement qu'on risque de différer sur les objets ou les événements qui se présentent à soi – ils risquent de rappeler un certain nombre d'idées, de mener à des associations trop délicates et raffinées pour qu'on puisse les dévoiler.

Liber amoris et autres textes,
« Partir en voyage », 1994.

10.
Karl Gottlob Schelle

Karl Gottlob Schelle rédige au début du XIXe siècle un art de la promenade vif et inspiré. Ce traité du parfait promeneur publié en 1802 explore les différentes facettes des balades, selon qu'on les accomplit sur terrain plat, en ville, en montagne, en forêt... Karl Gottlob Schelle était un ami de Kant, et son traité s'inscrit dans une perspective esthétique proche de celle du penseur de Königsberg.

L'ART DE SE PROMENER

La promenade n'est pas un simple mouvement du corps

La promenade n'est pas simplement un mouvement physique du corps, qui exclurait toute activité de l'esprit. Il n'y aurait vraiment aucun charme à imaginer le promeneur comme une simple machine en mouvement, dont l'esprit se serait mis au repos pendant que le corps bougerait. Un individu commun qui n'a pas cultivé son esprit n'en ressent pas le besoin, et il aurait du mal à s'y faire. La raison en est fort simple. Pour être touché par les charmes de la promenade et en ressentir le besoin intellectuel, il est nécessaire d'avoir un certain niveau de culture, un bagage intellectuel que tout le monde ne possède pas ; et, partant, il est tout à fait naturel qu'un simple journalier ne puisse ressentir le plaisir agréable d'une promenade. Mais on peut aussi ranger dans cette catégorie toute cette masse d'individus insensibles, dont l'esprit n'est touché ni agité par rien, et qui exécutent de façon purement mécanique ce qui, chez les personnes cultivées, engendre un besoin intellectuel.

Mais quel est le rôle joué par l'esprit dans la promenade, en conformité avec la nature ? Et quelle sphère de l'esprit se trouve investie par la promenade ?

La tâche est ici la suivante : faire le lien entre l'activité intellectuelle et l'activité corporelle, élever un processus mécanique (la marche) au rang d'un processus intellectuel. Mais cela seul ne suffit pas. Le mouvement du corps doit être pour l'esprit une détente, et pour le corps un moyen de conforter la santé. Toute activité intellectuelle fatigante rendrait caduque cette double visée. C'est pourquoi toute forme de réflexion méthodique et rigoureuse est étrangère à la promenade. Pour l'esprit, ce ne serait pas du repos mais un effort nouveau, de la même façon que ce genre de réflexion, par le double mouvement physique et intellectuel, épuise le corps au lieu de le fortifier. À cela il faut ajouter que l'esprit, au cours d'une promenade, doit trouver la matière et les objets de son activité spontanée dans la sphère même de la promenade. C'est seulement à cette condition qu'elle investira un domaine propre à l'esprit et à la culture.

Les promenades ne sont pas destinées à poursuivre des cogitations métaphysiques ou physiques, à résoudre des problèmes mathématiques, à repasser l'histoire, bref, elles ne sont pas faites pour la méditation. Même l'observation subtile et raffinée de personnes en train de se promener serait aussi opposée à la finalité de la promenade que l'observation forcée de la nature.

Durant la promenade, l'attention de l'esprit ne doit pas être poussée ; elle doit davantage être un jeu qu'empreinte de sérieux. Elle doit glisser au-dessus des objets en quelque sorte, répondre à leurs sollicitations plutôt que de se laisser contraindre à leur étude par l'esprit. Réceptif et ouvert, l'esprit doit accueillir avec tranquillité les impressions des choses qui l'entourent plutôt que de s'échauffer avec passion sur un quelconque objet, il doit s'abandonner sans résistance à leur courant avec une sérénité joyeuse plutôt que de se soustraire à elles, perdu dans ses idées et revenant sans cesse sur ses propres réflexions.

Une telle activité de l'esprit profite à la santé du corps, délasse l'intellect de travaux plus harassants, tout en maintenant ses forces éveillées par une occupation agréable et facile, sans instaurer de solution de continuité dans l'existence intellectuelle.

D'ailleurs, une telle activité ne se contente pas d'occuper, de stimuler ou, si je peux me permettre de reprendre l'expression biblique, d'aiguillonner agréablement l'esprit : ce dernier est en effet façonné de manière fondamentalement originale et dans une perspective tout aussi fondamentale. Certes, ce n'est pas ainsi qu'il acquiert ses principes les plus hauts, ses convictions les plus nobles, sa perfection intellectuelle et morale, laquelle ne peut être acquise que par l'effort et la peine : mais il se trouve ainsi placé dans un rapport de communauté directe avec la nature et le genre humain, qui touche les cordes les plus délicates de son être. Comprendre cette douce parole et en retirer les joies les plus pures : tel est le but assigné par la nature à cette activité intellectuelle dépourvue de toute contrainte et qui n'a pas d'équivalent ailleurs que dans la promenade.

Objets de la promenade en général

La nature et le genre humain, la première dans la variété de ses paysages, le second sous son aspect le plus gai, sont tout à la fois le décor et les objets de la promenade. En effet : peut-il y avoir pour l'individu quelque chose de plus important que la nature et le genre humain ? Celui qui posséderait la notion la plus pure du genre humain et de la nature et la garderait en son cœur serait sans conteste le plus comblé des hommes. On ne peut assigner de place plus éminente à la promenade en montrant qu'elle est hautement profitable à cette grande notion.

Si nous en restons d'abord à la nature, c'est bien davantage la nature belle et variée que la monotonie sans charme d'une région privée de toute végétation qui donne à l'esprit, et de diverses façons, cette impression d'harmonie durant la promenade et qui le met en contact avec une multitude de phénomènes très doux. Même de hautes falaises, si elles sont entièrement dénudées, provoquent davantage une impression d'effroi et de répulsion qu'une sensation d'élévation pleine d'attraits. Seul le monde végétal dévoile les nuances les plus délicates et les plus chatoyantes de la nature. Il faudrait qu'il soit comme mort et dépourvu de toute sensibilité l'homme qui – à supposer que ce puisse être le cas – passerait ses journées dans une lande désolée !

C'est dans des lieux situés dans une belle région, où alternent monts et vallons, avec prairies, rivières, forêts et tous les charmes de la nature, que l'esprit du promeneur sera partout séduit et trouvera, pour ses considérations, la matière la plus riche et la plus charmante. Dans un tel paysage, même les phénomènes qui, dans une lande désolée ou une région sans relief, laisseraient de marbre l'esprit le plus réceptif, sauront avoir un charme éminent. Le grand spectacle du soleil qui se lève ne devient magique que dans un paysage intéressant, au sommet de hautes montagnes. Au lever du soleil, le passage progressif de la nuit au jour n'est vraiment perceptible que dans les montagnes, lorsque la lumière éclaire d'abord les sommets, tandis que l'obscurité règne encore en bas et que la vallée reste prise par les ténèbres. Toutefois, même dépourvue de montagnes, la nature a encore de grands attraits avec ses prairies et ses forêts coupées de riantes campagnes. Il n'y a que dans les endroits où cela lui fait aussi défaut, lorsque le paysage nu et monotone épuise le regard sans jamais le retenir, qu'elle apparaît vraiment indigente ; et l'homme qui flâne ici – pour autant que cela soit encore possible – en est réduit à ne compter que sur ses seules ressources.

Mais il ne faudrait pas que l'intérêt porté par le promeneur à la nature soit d'ordre intellectuel. Un tel intérêt irait au-delà de la simple impression des choses, au-delà de leur surface charmante, et il transformerait le libre jeu de l'imagination, pure activité de délassement, en une affaire sérieuse, aussi épuisante pour l'esprit qu'exténuante pour le corps. La nature ne peut agir de façon pleine et pure pour égayer l'esprit, pour le rendre capable d'accueillir fidèlement les choses, pour lui donner une connaissance familière de ses phénomènes, que dans la seule disposition intérieure favorable à la promenade : lorsqu'on se laisse aller à ses impressions, l'âme ingénue et pas seulement passive. On est en droit de se demander si un naturaliste habitué à disséquer les choses de la nature en leurs différentes composantes et à les classer en catégories est capable de cet intérêt pur que montre pour la nature l'observateur ingénu qui s'abandonne à son seul spectacle. Toutefois, l'intérêt qui pousserait quelqu'un à observer la merveilleuse constitution d'un insecte et la beauté de sa forme ne serait pas d'ordre purement intellectuel. Ce n'est pas l'entendement pur qui serait alors sollicité, et l'observation, dégagée de la simple et froide curiosité, en resterait à l'impression extérieure. Être encore capable d'un tel intérêt pour la nature, voilà qui attesterait chez un naturaliste une humanité restée intacte.

L'Art de se promener, 1802.

11.

Robert Walser

Robert Walser (1878-1956) a été retrouvé mort dans la neige. Il avait quitté la clinique psychiatrique où il demeurait depuis plus de vingt-cinq ans pour une de ses promenades régulières, le jour de Noël. Cet écrivain suisse de langue allemande, qui avait quitté l'école à quatorze ans et pratiqué divers petits métiers, suscite l'admiration de ses contemporains (Musil, Kafka…) quand il fait paraître ses premiers textes. Écrivain de la banalité attachante, de la simplicité troublante, il a toujours aimé marcher. Dans La Promenade, *il défend l'idée que la flânerie, dénoncée comme oisive par les hommes affairés et pressés, permet au contraire la plénitude de l'inspiration créatrice.*

LA PROMENADE M'EST INDISPENSABLE

Le directeur ou taxateur déclara : « Mais on vous voit toujours en train de vous promener !

— La promenade, répliquai-je, m'est indispensable pour me donner de la vivacité et maintenir mes liens avec le monde, sans l'expérience sensible duquel je ne pourrais ni écrire la moitié de la première lettre d'une ligne, ni rédiger un poème, en vers ou en prose. Sans la promenade, je serais mort et j'aurais été contraint depuis longtemps d'abandonner mon métier, que j'aime passionnément. Sans promenade et collecte de faits, je serais incapable d'écrire le moindre compte rendu, ni davantage un article, sans parler d'écrire une nouvelle. Sans promenade, je ne pourrais recueillir ni études ni observations. Un homme aussi subtil et éclairé que vous comprendra cela immédiatement.

En me promenant longuement, il me vient mille idées utilisables, tandis qu'enfermé chez moi je me gâterais et me dessécherais lamentablement. La promenade pour moi n'est pas seulement saine, mais profitable, et pas seulement agréable, mais aussi utile. Une promenade me sert professionnellement, mais en même temps elle me réjouit personnellement ; elle me réconforte, me ravit, me requinque, elle est une jouissance, mais qui en même temps a le don de m'aiguillonner et de m'inciter à poursuivre mon travail, en m'offrant de nombreux objets plus ou moins significatifs qu'ensuite, rentré chez moi, j'élaborerai avec zèle. Chaque promenade abonde de phénomènes qui méritent d'être vus et d'être ressentis.

Formes diverses, poèmes vivants, choses attrayantes, beautés de la nature : tout cela fourmille, la plupart du temps, littéralement au cours de jolies promenades, si petites soient-elles. Les sciences de la nature et de la terre se révèlent avec grâce et charme aux yeux du promeneur attentif, qui bien entendu ne doit pas se promener les yeux baissés, mais les yeux grands ouverts et le regard limpide, si du moins il désire que se manifeste à lui la belle signification, la grande et noble idée de la promenade.

Songez comme l'écrivain s'appauvrirait et serait condamné à un piteux échec, si la maternelle, paternelle, enfantine nature ne lui faisait pas connaître sans cesse à nouveau la source du bon et du beau. Songez comme, pour l'écrivain, l'instruction et l'enseignement sacré et doré qu'il puise dehors, à l'air libre et enjoué, sont sans cesse de la plus haute importance. Sans la promenade et la vision de la nature qui s'y attache, sans cette information aussi plaisante qu'instructive, aussi rafraîchissante que constamment monitoire, je me sens comme perdu et je le suis en fait.

C'est avec la plus grande attention et sollicitude que celui qui se promène doit étudier et observer la moindre petite chose vivante, que ce soit un enfant, un chien, un moucheron, un papillon, un moineau, un ver, une fleur, un homme, une maison, un arbre, une haie, un escargot, une souris, un nuage, une montagne, une feuille ou ne serait-ce qu'un misérable bout de papier froissé et jeté, où peut-être un gentil et bon petit écolier a tracé ses premières lettres maladroites.

Les choses les plus sublimes et les plus humbles, les plus sérieuses et les plus drôles ont pour lui le même charme, la même beauté et la même valeur. Il n'a pas le droit d'emporter avec lui la moindre sentimentalité égoïste, il faut au contraire qu'il laisse errer et gambader de toutes parts son regard empressé de façon altruiste et généreuse, qu'il soit capable de se perdre tout entier dans la contemplation et l'observation et qu'en revanche tout ce qui est lui-même, ses propres plaintes, les besoins qu'il ressent, les manques qu'il éprouve et les frustrations qu'il supporte, il soit en mesure, tel le brave soldat en campagne, endurci, dévoué au service et prêt au sacrifice, de les faire passer au second plan, de ne pas y prêter garde ou de les oublier complètement.

Autrement, il se promène avec l'esprit à moitié ailleurs, et cela ne vaut pas grand-chose.

Il faut qu'il soit à tout moment capable de pitié, de sympathie et d'enthousiasme, et j'espère qu'il l'est. Il doit savoir se hausser dans l'exaltation, mais tout aussi aisément s'incliner jusqu'au ras du plus petit détail quotidien, et je suppose qu'il sait le faire. Mais cette façon candide et totalement dévouée de se perdre et de se retrouver dans les choses, cet amour appliqué à tous les phénomènes sensibles, cela le rend aussi heureux, comme le devoir accompli rend heureux et riche au tréfonds de lui-même celui qui a le sens du devoir. Esprit et dévouement l'exaltent, le haussent bien au-dessus de sa personnalité propre de promeneur, trop souvent réputée celle d'un vagabond qui gâche son temps en pure perte. Ses multiples études l'enrichissent, le réjouissent, l'apaisent et l'ennoblissent, et son activité industrieuse peut parfois friser la science exacte, ce qu'on n'attend guère de qui semble un flâneur écervelé.

Savez-vous que je travaille dur, dans ma tête, et obstinément, et que souvent peut-être je suis actif au meilleur sens du mot, alors que j'ai tout l'air d'être un individu sans responsabilité, un rôdeur à mine patibulaire, paresseux, rêveur et indolent, qui se perd dans le bleu ou le vert, sans penser ni travailler ?

Toutes sortes d'aperçus et d'idées rôdent mystérieusement sur les talons du promeneur, de sorte qu'au milieu de sa marche appliquée et vigilante il doit s'arrêter et tendre l'oreille, parce que, submergé et étourdi d'impressions étranges et par la puissance d'esprits, il éprouve soudain le sentiment merveilleux de s'engloutir dans la terre, tandis que devant ses yeux éblouis et égarés de penseur et de poète s'ouvre un abîme. Il a l'impression que sa tête va se détacher et tomber. Ses bras et ses jambes naguère si pleins de vie sont comme figés. Le pays et les gens, les sons et les couleurs, les visages et les silhouettes, les nuages et la lumière du soleil, tout tourne autour de lui comme autant de spectres inconsistants ; il se demande : « Où suis-je ? »

Le ciel et la terre coulent, et se mélangent précipitamment en une masse houleuse, étincelante et confusément chatoyante, de brouillard. Le chaos commence et les ordonnances disparaissent. C'est à grand-peine que l'homme ainsi secoué s'efforce de ne pas perdre conscience ; il y parvient. Plus tard, il reprend sa promenade en toute confiance.

Pensez-vous qu'il soit tout à fait impossible qu'au cours d'une promenade aussi patiente je rencontre des géants, j'aie l'honneur de voir des professeurs, je fréquente au passage des libraires et des employés de banque, je parle à des chanteuses et à des actrices, je déjeune à midi chez des dames d'esprit, j'erre dans des bois, j'expédie des lettres dangereuses et je me prenne d'une vive querelle avec des maîtres tailleurs ironiques et sournois ? Tout cela, malgré tout, peut arriver, et je crois que c'est arrivé en effet.

Le promeneur est constamment escorté par quelque chose de singulier, de fantastique, et il serait stupide s'il entendait n'accorder aucune attention à cet élément immatériel ; mais ce n'est nullement le cas, au contraire il accueille de grand cœur tous ces phénomènes étranges, il fraternise et se lie d'amitié avec eux, en fait des corps dotés de formes et d'une riche substance, il leur donne âme et les façonne, comme à l'inverse ils lui réjouissent l'âme et le façonnent.

Enfin, bref : je gagne mon pain quotidien en pensant, ruminant, creusant, fouillant, méditant, versifiant, cherchant, examinant et en me promenant, et j'en bave autant qu'un autre. Tout en faisant peut-être les mines les plus réjouies, je suis extrêmement sérieux et consciencieux, et quand je n'ai l'air d'être rien qu'exalté et tendre, je suis un professionnel irréprochable. Puis-je espérer, ayant fait devant vous cette déclaration détaillée de mes aspirations visiblement honnêtes, vous voir amplement convaincu ? »

Le fonctionnaire dit : « Bon », et il ajouta : « Votre requête tendant à obtenir notre accord pour que soit fixé au niveau le plus bas le taux de votre imposition va être examinée. La réponse y afférente et prochaine, qui conclura par la négative ou positivement, sera portée à votre connaissance. »

La Promenade, 1917.

III.
FLÂNERIES

12.

Pierre Sansot

Pierre Sansot (1928-2005), philosophe et poète, anthropologue écrivain, a défini dans son œuvre les grands principes d'une poétique de la ville. La géographie mouvante et concrète des villes, leurs physionomies multiples ne se laissent approcher qu'au moyen d'une marche lente, peu insistante, capricieuse et rêveuse. L'auteur décrit dans ce chapitre le mouvement de la flânerie comme une disponibilité qui serait un équilibre juste et précaire entre la concentration et le détachement, et par laquelle l'essence d'un quartier ou d'une rue se laisserait découvrir.

DU BON USAGE DE LA LENTEUR

Flâner, ce n'est pas suspendre le temps mais s'en accommoder sans qu'il nous bouscule. Elle implique de la disponibilité et en fin de compte que nous ne voulions plus arraisonner le monde. Les marchandises, nous les contemplons sans avoir nécessairement le désir de les acheter. Les visages, nous les regardons avec discrétion et nous ne cherchons pas à attirer leur attention. Avancer librement, lentement dans une ville pressée, n'attacher du prix qu'à la merveille de l'instant dans une société marchande suscite ma sympathie. La flâneuse a quelque chose de souverain, de fluide dans son allure. Le regard curieux, avisé, mobile du flâneur respire l'intelligence et tous deux me paraissent agréables à considérer.

Un excès de vigilance nuit à la flânerie. Lorsque l'on observe trop les rues et les visages, ils deviennent étranges, ils se métamorphosent en autre chose qu'eux-mêmes. Le flâneur perd l'immédiateté de son bonheur, lui qui se trouve dans un état que je crois plus proche d'une somnolence contrôlée que d'une vision critique. Ainsi, l'espace pour Georges Perec est un doute et non point cette présence à laquelle nous nous abandonnons sans vouloir en déchiffrer, avec trop d'acuité, les traits. « Noter ce que l'on voit. Ce qui se passe de notable – sait-on voir ce qui est notable ? Y a-t-il quelque chose qui nous frappe ?... S'obliger à voir plus platement... jusqu'à ressentir, pendant un très bref instant, l'impression d'être dans une ville étrangère ou, mieux encore, jusqu'à ne plus comprendre ce qui se passe ou ce qui ne se passe pas, que le lieu tout entier devienne étranger, que l'on ne sache même plus que ça s'appelle une ville, une rue, des immeubles, des trottoirs... » Quand une ville cesse d'être une évidence, nous avons rompu avec elle l'arbre vert du contact, nous remettons en question la foi originelle que nous lui portons. Il vaut mieux porter un regard suffisamment averti pour découvrir une nature ignorée des autres hommes, mais aussi suffisamment discret pour ne pas chercher à pénétrer derrière les apparences.

Mon flâneur n'a pas le sentiment de figurer au nombre des élus, de participer à une entreprise où les prodiges et les lieux sacrés se multiplieraient – à la différence d'artistes inspirés qui déambulèrent dans une ville comme dans une forêt prodigieuse. Ainsi André Breton : « Je ne sais pourquoi, c'est là, en effet, que mes pas me portent, que je me rends presque toujours sans but déterminé, sans rien de décidant que cette donnée obscure, à savoir que c'est là que se passera cela. » Mais alors, si une ville n'instaure pas avec nous de fulgurantes correspondances, si nous ne trouvons pas en elle l'occasion d'exercer notre pouvoir de divination, pourquoi accorder une réelle valeur à une action presque banale ? En fait, le bonheur de la flânerie ne surgit pas de ce que nous dénichons par le regard mais dans la marche elle-même, dans une respiration libre, dans un regard que rien n'offusque, dans le sentiment d'être à l'aise en ce monde, comme s'il était légitime que nous en retirions l'usufruit.

Je songe cependant que cette aisance n'est pas toujours le fait d'un état d'âme mais qu'elle découle de conditions sociales privilégiées. Une sorte de luxe. Tandis que les travailleurs s'affairent, se bousculent, certains êtres échappent à une telle malédiction. À la campagne, nous éprouvions ce même sentiment à la vue de ceux qui se promenaient tandis que, pendant l'été, nous courbions l'échine sur nos tomates. Certains de ces promeneurs bénéficiaient de vacances qu'ils avaient méritées. Il n'empêche que nous trouvions inconvenant qu'ils aient le loisir de parader et de nous adresser du chemin un petit signe amical.

Les hommes pressés – et tels sont les hommes chargés de responsabilités – ne flânent pas. Ils n'ont pas, disent-ils, de temps à perdre, et surtout leur saisie de la ville les en détourne. Qu'ils organisent des spectacles ou qu'ils cherchent à produire un autre espace, ils vivent dans la fébrilité, font face à l'urgence. Un animateur organise d'incessantes manifestations pour divertir les habitants, pour ne pas laisser tarir sa créativité, parce que la production du nouveau incombe à sa mission. L'urbaniste, quand il veut modifier les murs et les esprits, ne connaît pas de relâche à son action. La ville souffre de tant de maux : il y a lieu de s'occuper de chaque quartier mais aussi de l'image globale de la cité, que le moderne ne soit pas une pâle copie du passé mais qu'il ne choque point ! Il en faut pour les enfants et pour les personnes âgées, pour les indigènes et les touristes. L'urbaniste met en place des projets puis s'en détourne. La faute en revient à un pouvoir politique versatile – ou bien lui-même a-t-il vu trop grand ou trop modeste...

Mais peut-être aurait-il évité bien des mécomptes s'il avait pris le temps de s'ouvrir, lentement, aux exigences des lieux dont il a la charge, s'il avait accepté d'être humblement un flâneur éclairé de sa ville.

La promenade ne bénéficie pas de l'aura de la flânerie. Elle éprouve parfois le besoin de se justifier à l'aide de considérations hygiéniques : assurer une bonne digestion, emplir ses poumons d'un air que l'on décrète pur. Il me faut, pour la hausser au-dessus de ces médiocres justifications, la compagnie d'un ami avec lequel je ne suis pas en accord sur toutes choses et qui me force dans mes retranchements, qui excite mon admiration, ma colère. Puis j'associerai les détours et rebonds de nos discussions aux péripéties de notre parcours – à tel carrefour, à tel café et, si nous battons la campagne (ce qui est plus rare), à tel ruisseau, à tel fourré, à tel individu hagard au sortir d'un fourré. J'ai quelques amis aussi batailleurs que moi et les sujets qui nous opposent ne manquent pas. Tout est bon pour nous : la politique, la vie sociale, la métaphysique et même le sport.

De tels entretiens à ciel ouvert me paraissaient autrefois empreints de plus de fantaisie. Nous avions vingt ans. Ma jeunesse et celle de mes amis ne sont pas en cause. Paris, puisque nos déambulations oratoires se produisaient en cette ville, ménageait aux promeneurs plus de liberté. À certaines heures, à l'aube ou tard dans la nuit, la capitale presque déserte s'ouvrait tout entière, généreuse, exempte de toute retenue. Nous avons parfois épousé durant la nuit un rythme pendulaire, allant d'une colline à une autre, nous accordant une pause dans un café encore ouvert, découvrant en silence la naissance du jour sur une cité bien-aimée, puis reprenant souffle et parole. Aux alentours de 10 heures, nous décidions qu'il était temps de suspendre les hostilités et de nous coucher. D'ordinaire le périmètre de nos conversations était plus réduit. Il était rare que nous dépassions la porte des Lilas ou le boulevard Montparnasse. Nous circumnaviguions souvent autour du quartier des Halles, entre la rue des Archives et la rue Rambuteau. L'animation qui y régnait, loin de constituer une gêne, nous enfiévrait. Le soir, tandis que quelques feux s'allumaient, que des athlètes chargeaient ou déchargeaient des cageots de légumes, de fruits, nous avions, en parlant, le sentiment de participer à l'allégresse générale et de nourrir à notre manière l'incandescence des rues par le feu de nos discussions.

Les Halles ont disparu et, aurais-je par accident à nouveau vingt ans, nous ne nous enflammerions pas de cette façon. Il se produit tant de signes, de messages que nos propos ne pourraient se frayer un passage. Nous avions donc nos terrains de paroles, autour de la rue Montorgueil, de la rue Tiquetonne. Nous devions contourner l'étal des marchandises, prendre garde aux ménagères. Ce surcroît d'exercices corporels déliait encore davantage nos langues. Nous n'étions pas indifférents aux beaux quartiers. Nous nous enfoncions au milieu de façades cossues, d'arbres aux plantations régulières, ceux de l'avenue de Breteuil. Le luxe entraperçu, la qualité du silence nous enveloppaient de leur confort. Nous pouvions tout à loisir refaire le monde, y compris le sort de ces gens riches qui, pourtant, nous accueillaient d'une certaine manière. Quelques ponts de la ville nous aidaient à nous taire et à nous reposer. Nous regardions la Seine. Dans l'immensité de l'ouverture apparaissaient des pans entiers de Paris et de surcroît un ciel qui tout à coup n'était plus masqué par la frondaison des immeubles. N'était-il pas vain de bavarder alors que la beauté de l'univers aurait dû suffire à notre bonheur ? Il faut croire que nous n'étions pas d'une nature tranquille. Ainsi réconfortés, requinqués, nous nous éloignions du fleuve et repartions de plus belle vers des dialogues interminables.

Je me demande aujourd'hui quel était l'objet premier de ces veillées de paroles ? Nous ébattre dans une excitation intellectuelle qui, l'âge venu, nous paraîtrait surprenante ? ou le plaisir d'aller un peu plus au-delà dans la connaissance d'une ville privilégiée ? Avec mes camarades, nous choisissions quelques jardins, tels le Luxembourg ou le parc Montsouris, à des heures de faible fréquentation. Nous parcourions des allées, des contre-allées que, pour ma part, je distingue des chemins. Elles sont beaucoup plus civilisées, mieux protégées par les arbres du vent, du bruit, du regard des autres. Leur intimité nous permettait de mieux peser nos mots, d'écouter ce qui nous était adressé, d'y réfléchir. Surtout, à la différence d'un chemin, elles invitaient à la conversation ou à la méditation et non point à un début d'exil. Ville ou jardin ou quartier, je retrouve une qualité commune dans ces lieux : en quelque sorte pourvus d'une clôture, point de ligne de fuite, point de possibilité de dispersion. En revanche, des emplacements reconnus ponctuaient le flot de nos discours.

Je choisissais rarement la campagne. Celle-ci m'incline plutôt à la rêverie, laquelle n'a que faire des arguments, des objections, des raisonnements. J'ai pu m'y entretenir avec moi-même. En effet, le soliloque se situe à mi-distance du dialogue philosophique et de la rêverie. Nous grommelons nos pensées plus que nous ne les articulons.

Je me suis livré à de tels monologues en battant la campagne, une tierce personne me paraissant inutile pour réfléchir. Elle m'eût retardé par ses propos dans le cheminement de ma pensée et, en voulant triompher de mon ami, j'eusse perdu de vue la recherche de la vérité.

Est-il juste d'écrire qu'avec mes camarades je flânais ? La flânerie est souvent conçue comme une activité qui ne prête pas à conséquence et qui a pour seul effet de mettre un peu de rose aux joues de ceux qui s'y adonnent. Il est vrai que nous ne dérivions pas dans l'insouciance, qu'à la différence d'un voyageur pressé ou d'un travailleur, nous ne nous fixions pas de but, que le chemin parcouru, reconnu, importait plus que le terme dont nous n'avions pas une idée précise. Seulement, à la différence d'un flâneur frivole, nous avions le sentiment que nous vivions une aventure mémorable et que nous mettions en jeu une partie non négligeable de notre être. Notre légèreté n'excluait pas une certaine gravité.

Nous irions à l'extrême de nous-mêmes et nous l'éprouverions grâce à une fatigue librement consentie et saluée avec les égards qu'elle méritait. Pour être tout à fait juste, il nous fallait aussi et surtout « fatiguer » la ville, non point par cruauté ou pour la prendre en défaut, mais pour qu'elle nous livre enfin son vrai visage, qu'elle refusait par ailleurs à la plupart de ses habitants ou de ses passants.

J'avoue que, revenu à la solitude, j'ai parfois cédé à l'emphase. Le spectacle de la nature quand il est sublime donne à mes pensées une tonalité religieuse. Je médite sur la fragilité humaine, sur la gloire éphémère des empires, sur l'imminence de la mort. La cité, qui dans son essence est laïque, me prédispose davantage à une réflexion menée selon l'ordre de la raison.

J'aurais aimé me promener en compagnie du neveu de Rameau. Quelle impertinence, quelle fantaisie dans les paroles mais aussi dans le vêtement, la conduite, comme si la pantomime des gestes faisait concurrence à un verbe prodigieux, comme si la rue, par ses imprévisions et ses accidents, donnait un surcroît de talent au galopin ! J'attirais à moi des personnages extravagants. Il leur manquait cependant une imagination vive, prenant appui sur des mots, sur des sensations, sur des images. Tout cela étant concédé, pouvons-nous encore avoir la conscience et le bonheur de manier des idées dangereuses en un temps où tout est permis, du moins dans le domaine de la pensée ? Pouvons-nous avoir l'illusion d'inventer en matière de provocation alors que l'expérimentation a été codifiée et se soumet à des modèles rationnels ?

Du bon usage de la lenteur, 1998.

13.

Paul Auster

Avec Paris, New York fait partie de ces villes qu'on dirait faites pour le marcheur : diversité labyrinthique, beauté des perspectives, richesse du mouvement et des hommes. En ouverture de son roman Cité de verre *(le premier pan de sa célèbre trilogie new-yorkaise), Paul Auster fait le portrait de son personnage principal, Quinn, et décrit une de ses manies : tous les jours, sortir, marcher dans les rues, et se laisser porter par le mouvement général.*

CE QU'IL AIMAIT PAR-DESSUS TOUT, C'ÉTAIT MARCHER

Pour ce qui est de Quinn, peu de choses nous retiendront. Qui il était, d'où il venait et ce qu'il faisait n'ont pas grande importance. Nous savons, entre autres, qu'il avait trente-cinq ans. Nous savons qu'il avait jadis été marié, qu'il avait un jour été père et qu'à présent sa femme et son fils étaient tous les deux morts. Nous savons aussi qu'il écrivait des livres. Pour être précis, nous savons qu'il écrivait des romans policiers. Ces ouvrages étaient signés du nom de William Wilson, et il les produisait au rythme d'environ un par an, ce qui lui procurait assez d'argent pour vivre modestement dans un petit appartement de New York. Comme chaque roman ne lui prenait pas plus de cinq ou six mois, il avait le loisir d'utiliser le restant de l'année à sa guise. Il lisait un grand nombre d'ouvrages, il regardait des tableaux, il allait au cinéma. L'été, il suivait le base-ball à la télévision ; l'hiver, il fréquentait l'opéra. Mais ce qu'il aimait par-dessus tout, c'était marcher. Presque chaque jour, qu'il pleuve ou qu'il vente, qu'il fasse chaud ou froid, il quittait son appartement pour déambuler dans la ville – sans savoir vraiment où il allait, se déplaçant simplement dans la direction où ses jambes le portaient.

New York était un espace inépuisable, un labyrinthe de pas infinis, et, aussi loin qu'il allât et quelle que fût la connaissance qu'il eût de ses quartiers et de ses rues, elle lui donnait toujours la sensation qu'il était perdu. Perdu non seulement dans la cité mais tout autant en lui-même. Chaque fois qu'il sortait marcher il avait l'impression de se quitter lui-même, et, en s'abandonnant au mouvement des rues, en se réduisant à n'être qu'un œil qui voit, il pouvait échapper à l'obligation de penser, ce qui, plus que toute autre chose, lui apportait une part de paix, un vide intérieur salutaire. Autour de lui, devant lui, hors de lui, il y avait le monde qui changeait à une vitesse telle que Quinn était dans l'impossibilité de s'attarder bien longtemps sur quoi que ce soit. Le mouvement était l'essence des choses, l'acte de placer un pied devant l'autre et de se permettre de suivre la dérive de son propre corps. En errant sans but, il rendait tous les lieux égaux, et il ne lui importait plus d'être ici ou là. Ses promenades les plus réussies étaient celles où il pouvait sentir qu'il n'était nulle part. Et c'était finalement tout ce qu'il avait jamais demandé aux choses : être nulle part. New York était le nulle part que Quinn avait construit autour de lui-même et il se rendait compte qu'il n'avait nullement l'intention de le quitter à nouveau.

Autrefois, Quinn avait été plus ambitieux. Lorsqu'il était jeune homme, il avait publié plusieurs livres de poèmes, écrit des pièces de théâtre, des essais de critique littéraire, et il s'était astreint à plusieurs traductions de longue haleine. Mais il avait brusquement tout abandonné. Une partie de lui-même était morte, disait-il à ses amis, et il ne voulait pas qu'elle revînt le hanter. C'était alors qu'il avait adopté le nom de William Wilson. Quinn n'était plus cette partie de lui qui pouvait écrire des livres et, même si à bien des égards Quinn restait encore en vie, il n'existait plus pour personne sauf pour lui-même.

Cité de verre, 1985.

14.

Léon-Paul Fargue

Le Piéton de Paris *constitue l'une des plus vibrantes et des plus poétiques descriptions de la capitale faites par Léon-Paul Fargue (1876-1947). Il s'y attache à décrire un Paris en train de disparaître, une ville en mutation, traversée par des énergies immenses. La déambulation oisive du poète nous entraîne à la rencontre de personnages pittoresques, nous fait assister à des scènes drolatiques et, surtout, elle donne lieu à la peinture d'un Paris plein de verve et de joie.*

Le piéton de Paris

Chef-d'œuvre poétique de Paris, les quais ont enchanté la plupart des poètes, touristes, photographes et flâneurs du monde. C'est un pays unique, tout en longueur, sorte de ruban courbe, de presqu'île imaginaire qui semble être sortie de l'imagination d'un être ravissant. Je connais tellement, pour l'avoir faite cent fois, la promenade qui berce le marcheur du quai du Pont-du-Jour au quai des Carrières à Charenton, ou celle qui, tout jeune, me poussait du quai d'Ivry au quai d'Issy-les-Moulineaux, que j'ai l'impression d'avoir un sérieux tour du monde sous mes talons. Ces seuls noms : Orsay, Mégisserie, Voltaire, Malaquais, Gesvres, aux Fleurs,

Conti, Grands-Augustins, Horloge, Orfèvres, Béthune et place Mazas me suffisent comme Histoire et Géographie. Avez-vous remarqué que l'on ne connaît pas mieux « ses » quais que ses sous-préfectures ? J'attends toujours un vrai Parisien sur ce point : où finit le quai Malaquais, où commence le quai de Conti ? Où se trouve le quai de Gesvres ? D'après la réponse, je classe les gens. À ce petit jeu, on s'aperçoit qu'il n'y a pas beaucoup de vrais Parisiens, pas beaucoup de chauffeurs de taxi cultivés, encore moins d'agents de police précieux. Chacun se trompe sur la question des quais.

Et cependant, rien n'est plus de Paris qu'un quai de Seine, rien n'est plus à sa place, dans son décor. Léon Daudet, dans son *Paris vécu*, consacre plus de cinquante pages aux seuls quais, à ses bouquinistes et à ses librairies d'occasion. Au sujet de celle de Champion le père, il fait cette remarque qui, dans un siècle, donnera encore le goût de la rêverie aux derniers bibliophiles : « L'atmosphère était érasmique, XVIe siècle en diable, et de haute et cordiale intellectualité. Quand il voyait qu'un livre vous faisait envie, Champion disait doucement : "Prenez-le... Mais non, mais non, vous le paierez une autre fois." »

De ce paysage, sur lequel ont poussé comme par goût les plus beaux hôtels, le Louvre des Valois, les monuments les plus étonnants, comme la Tour Eiffel, les plus suspects, comme la Chambre, les plus glorieux, comme l'Institut de France, c'est la partie centrale qui est à la fois la plus célèbre et la plus fréquentée, et ce sont certainement les quais de Conti et Malaquais qui arrivent *ex-aequo* en tête du concours. J'ai demandé à des pouilleux, à des sans-logis de la meilleure qualité pourquoi ils préféraient ces deux quais aux autres, surtout pour dormir sur les berges, mêlés aux odeurs de paille, d'absinthe et de chaussure que la Seine véhicule doucement : « Parce que, me fut-il répondu, nous nous y trouvons plus à l'aise et comme chez nous. De plus, les rêves y sont plus distingués. » Réflexion pleine d'intérêt, et qui me rappelle une anecdote. Il m'arrive très souvent de prendre un verre de vin blanc dans un petit caboulot des Halles que je ne trouve d'ailleurs qu'à tâtons la nuit. Je retrouve là des noctambules qui échangent quelques idées générales avant d'aller s'allonger sous un pont quelconque. Toutefois, je me mêle à leurs conversations. Nous nous serrons la main très noblement. Un jour, je fus présenté à une sorte de grand haillon animé, barbu, érudit et très digne, qui logeait précisément sous le pont des Arts, et que l'on présentait ainsi : M. Hubert, de l'Académie française. Paris seul autorise ces raccourcis splendides.

Les quais sont hantés par une double population. Je ne parle ni des touristes, ni des curieux, ni des voyageurs en transit, mais des êtres qui naissent, rêvent et meurent dans l'atmosphère séquane : ceux des berges et ceux des quais proprement dits, les couche-dehors et les bouquinistes, ceux d'en bas et ceux d'en haut. La population des berges s'étend d'Autcuil à Charenton, les jambes à l'air, le visage caché sous le melon de la poubelle, le mégot à portée de la main, pour la première cigarette du matin, la meilleure. C'est encore sur les quais, c'est-à-dire un peu en dessous de la surface parisienne, dans une patrie obscure et honteuse au sens que Shakespeare donnait à ces mots, que l'on peut faire connaissance avec les derniers petits métiers poétiques dont s'inspiraient naguère chansonniers, caricaturistes et poètes : le tondeur de chiens, le coupeur de chats, le glaneur de charbon, le ramasseur de petits objets, tels que lames de rasoir usagées, fermetures de canettes de bière, boucles de ceinturon, épingles de sûreté, crochets à bottines et fragments de pipes en terre, le ramasseur qu'on voit longer les ruisseaux en baissant la tête, à la fin de la journée. Cour des

Miracles dotée d'une plage, ce monde des berges, dont les dos se durcissent au contact des pavés, jouit d'un des plus grands bonheurs que connaisse notre époque : l'ignorance totale du journal quotidien. Certains, parfois, parcourent des journaux de Courses oubliés là, sans doute, par quelque suicidé, mais le journal des Courses fait un peu partie de la légende. M'étant hasardé une nuit parmi ces longs gaillards si bien portants, si hardiment barbus que je les compare volontiers aux hommes des cavernes, j'eus l'occasion d'entendre la voix même du rêve se manifester soudain par la bouche d'une de ces ombres. Après avoir enjambé quelques « chiens de fusil », quelques thorax librement offerts, je m'installai, à mon tour, sur une borne, pour fumer une cigarette au fil de l'eau. Énormes et patients, de noirs chalands glissaient, pareils à des bêtes, sur le fleuve de crêpe. J'avais vaguement l'impression de déranger une secte. Je ne me trompais pas. Une voix s'éleva tout à coup derrière moi : « Veux-tu fermer ta porte ! » me criait-on. J'avais visiblement affaire au Crocheteur Borgne de Voltaire...

Tout autre est la population périphérique. Ce sont des savants. Je tiens les bouquinistes pour les êtres les plus délicieux que l'on puisse rencontrer, et, sans doute, participent-ils avec élégance et discrétion à ce renom d'intelligence dont se peut glorifier Paris. Le pays du livre d'occasion a ses frontières aussi. Il va du quai d'Orsay au Jardin des Plantes, sur la rive gauche, et de la Samar, comme on dit, au Châtelet, sur la rive droite. Les boîtes en sont, en principe, accordées par la Ville aux mutilés de la guerre et aux pères d'une famille nombreuse, à raison de soixante-cinq francs par an, sur huit mètres de long. Quand un bouquiniste atteint l'âge respectable de soixante-dix ans ou qu'il tombe malade, il peut sous-louer son commerce à un remplaçant et se faire ainsi doubler jusqu'à sa mort. Mais il ne peut céder sa charge, comme ferait un agent de charge. Une fois le dernier soupir poussé, la Ville intervient. La gent bouquiniste est la seule qui ne soit ni organisée ni syndiquée, qui ne donne aucun bal, aucun banquet annuel. Elle vit de rumeurs intellectuelles, de poussières d'idéal et d'indifférence. Elle eut pourtant un doyen, tout récemment, et que l'on honorait sincèrement dans la profession, un doyen qui n'était autre que M. Dodeman, Charles Dodeman, auteur bien connu. Elle est encore rattachée au passé parisien par Mlle Poulaillon, bouquiniste établie non loin de l'École des Beaux-Arts, et qui évoque avec nostalgie le temps où les marchands de livres étaient tenus de remporter chaque soir leurs boîtes chez eux...

Mais, sur les quais comme partout, le vent de la modernité a soufflé en tempête. Il y a aujourd'hui des bouquinistes jeunes, actifs, très au courant des fluctuations des marchés. La raideur un peu professorale d'autrefois s'est perdue. L'été, quand il fait très chaud, les bouquinistes femmes n'hésitent pas à plonger dans la Seine. Quelqu'un flâne sur le quai pour ses livres, et, souvent aussi, pour voir sortir de l'eau en maillot la sirène ruisselante. Et il crie : « Hé, la petite dame, combien le Taine ? » En quelques brasses, la petite dame atteint la berge, ramasse son peignoir, remonte vers les bibliothèques en séchant ses mains sur ses hanches, cède le Taine, le Flaubert ou le Jean Lorrain au client, et retourne dans l'eau fraîche...

Le Piéton de Paris, 1939.

15.

Walter Benjamin

Dans les années 1920, Benjamin écrit une série de textes courts sur de grandes villes (Paris, Moscou, Berlin, etc.). Ce sont des présentations de la ville telle qu'elle se donne à voir au flâneur : une collection éparpillée de signes. Flâner devient un art, réclame une éducation, mais promet à celui qui se livre à cet exercice des grâces renouvelées. Marcher revient alors à effeuiller délicatement les secrets des villes.

Paris, la ville dans le miroir

Déclarations d'amour des poètes et des artistes à la « capitale du monde »

Aucune ville n'est liée aussi intimement au livre que Paris. Si Giraudoux a raison quand il dit que l'homme a le plus haut sentiment de liberté en flânant le long d'un fleuve, la flânerie la plus achevée, par conséquent la plus heureuse, conduit ici encore vers le livre, et dans le livre. Car depuis des siècles le lierre des feuilles savantes s'est attaché sur les quais de la Seine : Paris est la grande salle de lecture d'une bibliothèque que traverse la Seine.

Pas un monument de cette ville qui n'ait inspiré un chef-d'œuvre de la littérature. Notre-Dame, nous pensons au roman de Victor Hugo. La Tour Eiffel – *Les*

Mariés de la Tour Eiffel de Cocteau ; avec la « Prière sur la Tour Eiffel » de Giraudoux, nous sommes déjà sur les hauteurs vertigineuses de la littérature moderne. L'Opéra : avec le célèbre roman policier de Gaston Leroux, *Le Fantôme de l'Opéra*, nous nous trouvons dans les souterrains de cet édifice et, aussi bien, de la littérature. L'arc de Triomphe fait le tour du monde avec le *Tombeau du soldat inconnu* de Raynal. Cette ville s'est indissolublement inscrite dans l'écrit parce qu'elle-même est animée d'un esprit qui est proche des livres. N'at-elle pas, comme un romancier expérimenté, préparé de longue date les thèmes les plus fascinants de sa construction ? Voilà les grandes routes stratégiques qui devaient jadis assurer aux troupes l'entrée dans Paris, à partir de la Porte Maillot, de la Porte de Vincennes, de la Porte de Versailles. Et, un beau matin, du jour au lendemain, Paris eut pour ses voitures les plus belles avenues parmi toutes les villes d'Europe. Voilà la Tour Eiffel – pur et libre monument de la technique, au sens sportif – et un beau jour, en une nuit, une station de radio européenne. Et les places vides à l'infini : ne sont ce point des pages solennelles, des hors-textes dans les volumes de l'histoire mondiale ? L'année 1789 brille en chiffres rouges sur la place de Grève. Entouré des angles des toits sur cette place des Vosges où il trouva la mort : Henri II. Avec les traits effacés d'une écriture indéchiffrable sur cette place Maubert, entrée jadis du Paris obscur. Cet échange entre la ville et le livre a fait entrer une de ces places dans les bibliothèques : les célèbres éditions Didot du siècle précédent portent la place du Panthéon comme marque de l'éditeur.

Lorsque le spectre littéraire de la ville est diffracté par les facettes de l'entendement prismatique, les livres apparaissent de plus en plus rares à mesure qu'on va du centre vers les bords. Il y a une connaissance ultra-violette de cette ville et une infrarouge qui ne peuvent ni l'une ni l'autre se réduire à la forme du livre : c'est la photographie et le plan – la connaissance la plus exacte du singulier et du général. Nous avons les plus beaux exemples de ces bords extrêmes du champ de la vision. Celui qui doit dans une ville étrangère, à un coin de rue et par mauvais temps, manier un de ces grands plans en papier qui s'enflent à chaque coup de vent comme une voile, se déchirent à tous les angles et ne sont plus bientôt qu'un petit tas de feuilles sales qui vous torturent, apprend par l'étude du Plan Taride ce que peut être le plan d'une ville. Et ce qu'est une ville. Car des quartiers entiers révèlent leur secret par les noms de leurs rues. Près de la grande place devant la gare Saint-Lazare on a la moitié de la France et la moitié de l'Europe autour de soi. Des noms comme Havre, Anjou, Provence, Rouen, Londres, Amsterdam, Constantinople passent à travers les rues grises, comme des rubans moirés à travers la soie grise. C'est ce qu'on appelle le quartier de l'Europe. On peut ainsi, morceau après morceau, suivre les rues sur la carte, on peut même aller « de rue en rue, de maison en maison » dans cette œuvre géante dans laquelle, vers le milieu du XIXe siècle, Charles Lefeuve, historiographe officiel de Napoléon III, a rassemblé tout ce qui valait la peine d'être su. Le titre même de l'œuvre donne déjà une idée de ce à quoi doit s'attendre celui qui aborde cette littérature, qui voudrait seulement essayer d'étudier les cent pages sous la rubrique « Paris » que contient le catalogue de la Bibliothèque Impériale. Et celui-ci fut clos en 1867. Il ne faut pas s'attendre à ne rencontrer ici que des écrits scientifiques, des pièces d'archives, des connaissances topographiques ou historiques. Une partie qui n'est pas médiocre de cette masse de livres sont des déclarations d'amour à la « Capitale du monde ». Et qu'elles proviennent d'étrangers n'est pas un fait nouveau. Presque toujours les amants les plus passionnés de cette ville sont venus de l'étranger. Et leur chaîne fait le tour de la terre. Voici Nguyen-Trong-Hiep qui publia en 1897 à Hanoï son hymne à la capitale française. Voici, pour ne nommer que la plus jeune, la princesse roumaine Bibesco dont la charmante « Catherine-Paris » fuit les châteaux de Galicie, la haute aristocratie polonaise, son époux, le comte Leopolski, pour retrouver la patrie qu'elle a choisie. Il semble en vérité qu'il faille voir derrière Leopolski le prince Adam Chartoryski. Et en Pologne le livre n'a pas rencontré un accueil chaleureux. Tous les adorateurs n'ont pas déposé leurs hommages aux pieds de la ville sous la forme d'un roman ou d'un poème : tout récemment Mario de Bucovich a donné grâce à la photographie une belle et plausible expression de ses sentiments, et Paul Morand a certifié dans la préface à cet album les droits de son amour.

La ville se reflète dans mille yeux, mille objectifs. Car ce ne sont pas seulement le ciel et l'atmosphère, pas seulement les publicités lumineuses sur les boulevards du soir qui ont fait de Paris la « ville lumière ». Paris est la « ville miroir » : l'asphalte poli comme un miroir de ses avenues. Devant tous les cafés des parois de verre ; les femmes se regardent ici plus encore qu'ailleurs. La beauté des Parisiennes est sortie de ces miroirs. Avant que l'homme ne les aperçoive elles ont déjà interrogé dix miroirs. Une débauche de miroirs entoure aussi l'homme, surtout au café (pour les rendre plus clairs à l'intérieur et pour donner une agréable profondeur à tous les enclos et les box minuscules qui partagent les établissements parisiens). Les miroirs sont l'élément spirituel de cette ville, son emblème, à l'intérieur duquel sont venus s'inscrire les emblèmes de toutes les écoles poétiques.

Les miroirs rendent chaque reflet sans retard, mais par une translation symétrique, semblables en cela à la technique des répliques dans les comédies de Marivaux : les miroirs projettent l'extérieur animé, la rue, dans l'intérieur d'un café, à la manière d'un Hugo, d'un Vigny qui aimaient saisir des milieux et donner à leurs récits un « arrière-plan historique ».

Les miroirs ternis et négligés qui sont accrochés dans les bistrots sont le symbole du Naturalisme de Zola ; la manière dont ils se reflètent les uns les autres en une série à l'infini fait pendant à ce souvenir infini du souvenir qu'est devenue la vie de Marcel Proust sous sa propre plume. Cette toute nouvelle collection de photographies intitulée *Paris* s'achève par l'image de la Seine. C'est elle le grand miroir toujours vivant de Paris. Chaque jour la ville jette dans ce fleuve les images de ses solides édifices et de ses rêves de nuages. Il accepte de bonne grâce les offrandes de ce sacrifice et, en signe de sa faveur, il les brise en mille morceaux.

Paysages urbains, trad. fr. 1978.

IV.
EXPÉDITIONS

16.

Gustave Flaubert

L'expédition, c'est marcher avec le sentiment d'accomplir une aventure, de participer à l'épopée. Gustave Flaubert et Maxime Du Camp décident d'accomplir une excursion sac au dos, en Bretagne. Au programme : marches et écriture (il s'agira de se partager le récit du périple). Flaubert seul remplira son contrat – les chapitres impairs. L'enthousiasme est neuf, l'énergie intacte : la description par Flaubert du départ ainsi que d'une randonnée à Belle-Île constituent des réussites totales.

NOUS PRÎMES LA CLÉ DES CHAMPS

Le 1er mai 1847, à huit heures et demie du matin, les deux monades dont l'agglomération va servir à barbouiller de noir le papier subséquent sortirent de Paris dans le but d'aller respirer à l'aise au milieu des bruyères et des genêts, ou au bord des flots sur les grandes plages de sable.

On n'avait d'autre ambition que celle de chercher quelque coin de ciel pur, floconné de nuages enroulés, ou de découvrir au revers d'une roche blanche, caché sous les houx et les chênes, assis entre le fleuve et la colline, un de ces pauvres petits villages comme on en rencontre encore, avec des maisons en bois, de la vigne qui monte aux murs, du linge qui sèche sur la haie et des vaches à l'abreuvoir.

À d'autres temps, pour plus tard, les grands voyages à travers le monde, au dos des chameaux sur des selles turques, ou sous le tendelet des éléphants ; à d'autres temps, si jamais ça arrive, le grelot des mules andalouses, les pérégrinations rêveuses dans la Marenne, et les mélancolies de l'histoire, surgissant, avec les vapeurs du crépuscule, du fond de ces horizons où se sont passées les choses que l'on rêve dans les vieux livres.

Aujourd'hui, sans trop quitter le coin de sa cheminée où on laisse pour les y retrouver, presque tièdes encore, sa pipe et ses songeries, et sans aucun des poignants arrachements du départ, on s'en va, sac au dos, souliers ferrés aux pieds, gourdin en main, fumée aux lèvres et fantaisie en tête, courir les champs pour coucher dans les auberges dans de grands lits à baldaquin, pour écouter les oiseaux sous les arbres quand il a plu et pour voir, le dimanche, les paysannes sous le porche de l'église sortir de la messe avec leurs grands bonnets blancs et leurs gros jupons rouges, et quoi encore ? pour se hâler la peau à coup sûr et pour attraper des poux peut-être ?

Voilà donc ce qui a fait que deux êtres doués de raison (définition de l'homme dans les livres) ont, pendant sept mois, médité la forme, le dessin, la couleur, le relief et l'arrangement harmonique entre eux des objets suivants, à savoir :

un chapeau de feutre gris ;
un bâton de maquignon, venu exprès de Lisieux ;
une paire de souliers forts (cuir blanc, clous en dents de crocodiles) ;
dito vernis (costume de ville pour les visites diplomatiques, s'il s'en trouve à faire, ou les courses à Paphos

si par hasard les oies de cette divinité nous enlèvent dans le char de la déesse) ;
une paire de guêtres en cuir, appropriée aux souliers forts ;
dito en drap pour protéger de la poussière nos chaussettes, les jours de souliers vernis ;
une veste de toile (chic garçon d'écurie) ;
un pantalon de toile, démesurément large pour être mis dans les guêtres ;
un gilet de toile, dont la coupe élégante rachète la vulgarité de l'étoffe.

Ajoutez à cela la répétition du même costume en drap.

De plus, un couteau modèle, deux gourdes, une pipe en bois, trois chemises de foulard, ce qu'il faut à un Européen pour ses ablutions quotidiennes, et vous aurez le cadre dans lequel nous nous sommes présentés en Bretagne, dans lequel nous avons vécu durant quelques semaines, à la pluie et au soleil. Jamais habit de bal ne fut médité avec plus de tendresse, et, ce qu'il y a de certain, porté avec aussi peu de gêne.

Le canon tonnait pour fêter le roi, les gardes nationaux s'apprêtaient à se hausser le menton dans leur habit et les allumeurs de la liste civile préparaient leur suif pour la solennité du soir, quand, après avoir dit adieu à nos deux amis Fritz et Louis, nous sommes montés dans notre wagon ; on a fermé la portière, la bête de fer a renâclé comme un cheval qui piaffe, et nous sommes partis.

[...]

Le lendemain donc, sitôt qu'il fit jour, ayant rempli une gourde, fourré dans un de nos sacs un morceau de pain avec une tranche de viande, nous prîmes la clef des champs, et, sans guide ni renseignement quelconque (c'est là la bonne façon), nous nous mîmes à marcher, décidés à aller n'importe où, pourvu que ce fût loin, et à rentrer n'importe quand, pourvu que ce fût tard.

Nous commençâmes par un sentier dans les herbes, il suivait le haut de la falaise, montait sur ses pointes, descendait dans ses vallons et continuait dessus en faisant le tour de l'île.

Quand un éboulement l'avait coupé, nous remontions plus haut dans la campagne et, nous réglant sur l'horizon de la mer, dont la barre bleue touchait le ciel, nous regagnions ensuite le haut de la côte que nous retrouvions à l'improviste ouvrant son abîme à nos côtés. La pente à pic sur le sommet de laquelle nous marchions ne nous laissait rien voir du flanc des rochers, nous entendions seulement au-dessous de nous le grand bruit battant de la mer.

Quelquefois la roche s'ouvrant dans toute sa grandeur montrait subitement ses deux pans presque droits que rayaient des couches de silex et où avaient poussé de petits bouquets jaunes. Si on jetait une pierre, elle semblait quelque temps suspendue, puis se heurtait aux parois, déboulait en ricochant, se brisait en éclats, faisait rouler de la terre, entraînait des cailloux, finissait sa course en s'enfouissant dans les graviers ; et on entendait crier les cormorans qui s'envolaient.

Souvent les pluies d'orage et les dégels avaient chassé dans ces gorges une partie des terrains supérieurs qui, s'y étant écoulés graduellement, en avaient adouci la pente de manière à y pouvoir descendre. Nous nous risquâmes dans l'une d'elles, et, nous laissant glisser sur le derrière en nous écorant des pieds et nous retenant des mains, nous arrivâmes enfin en bas sur du beau sable tout mouillé.

La marée baissait ; il fallait, pour passer, attendre le retrait des vagues. Nous les regardions venir. Elles écumaient dans les roches, à fleur d'eau, tourbillonnaient dans les creux, sautaient comme des écharpes qui s'envolent, retombaient en cascades et en perles, et dans un long balancement ramenaient à elles leur grande nappe verte. Quand une vague s'était retirée sur le sable, aussitôt les courants s'entrecroisaient en fuyant vers des niveaux plus bas. Les varechs remuaient leurs lanières gluantes, l'eau débordait des petits cailloux, sortait par les fentes des pierres, faisait mille clapotements, mille jets. Le sable trempé buvait son onde, et, se séchant au soleil, blanchissait sa teinte jaune.

Dès qu'il y avait de la place pour nos pieds, sautant par-dessus les roches, nous continuions devant nous. Elles augmentèrent bientôt leur amoncellement désordonné ; tournées, bousculées, entassées dans tous les sens, renversées l'une sur l'autre ; nous nous cramponnions de nos mains qui glissaient, de nos pieds qui se crispaient en vain sur leurs aspérités visqueuses.

La falaise était haute, si haute qu'on en avait presque peur quand on levait la tête. Elle vous écrasait de sa placidité formidable et elle vous charmait pourtant ; car on la contemplait malgré soi et les yeux ne s'en lassaient pas.

Il passa une hirondelle, nous la regardâmes voler ; elle venait de la mer, elle montait doucement, coupant au tranchant de ses plumes l'air fluide et lumineux où ses ailes nageaient en plein et semblaient jouir de se déployer toutes libres. Elle monta encore, dépassa la falaise, monta toujours et disparut.

Cependant nous rampions sur les rochers dont chaque détour de la côte nous renouvelait la perspective. Ils s'interrompaient par moments et alors nous marchions sur de grandes pierres carrées, plates comme des dalles, où des fentes qui se prolongeaient en avant deux à deux et presque symétriques semblaient les ornières de quelque antique voie d'un autre monde. De place en place, immobiles comme leur fond verdâtre, s'étendaient de grandes flaques d'eau qui étaient aussi limpides, aussi tranquilles, et ne remuaient pas plus qu'au fond du bois, sur son lit de cresson, à l'ombre des saules, la source la plus pure.

Puis de nouveau les rochers se présentaient plus serrés, plus accumulés. D'un côté c'était la mer dont les flots sautaient dans les basses roches, de l'autre la côte droite, ardue, infranchissable.

Fatigués, étourdis, nous cherchions une issue. Mais toujours la falaise s'avançait devant nous, et les rochers, étendant à l'infini leurs sombres masses de varechs, faisaient succéder l'une à l'autre leurs têtes inégales qui grandissaient en se multipliant comme des fantômes noirs qui sortaient de dessous terre.

Nous roulions ainsi à l'aventure, quand nous vîmes tout à coup, serpentant en zigzag dans la roche, une valleuse qui nous permettait, comme par une échelle, de regagner la rase campagne.

Quand nous l'eûmes gravie, nous nous trouvâmes sur le plateau qui domine toute la côte de l'île et continuâmes dans la même direction, à travers des champs sans arbres que n'égayait aucune verdure. Il était néanmoins fort doux de n'avoir plus qu'à remuer les pieds et à les pousser devant soi. Un petit bois de pins grêles s'offrit, nous y entrâmes et ayant débouclé le sac qui depuis quatre heures me ballottait aux épaules, nous commençâmes à déchiqueter avec nos ongles et nos mains la tranche de veau froid qui s'y *bocquesonnait* contre le morceau de pain.

Couchés par terre sur les feuilles tombées, nous dînâmes entre nos jambes, en faisant sécher au bout des branches d'arbres nos chaussettes et nos souliers tout trempés d'eau de mer. Lorsque la nappe fut ôtée et qu'une bonne pipe nous eut remis de nos fatigues, nous ramassâmes le bâton et nous repartîmes.

Voulant traverser l'île dans sa largeur, nous nous dirigeâmes d'après le soleil et allâmes droit en face de nous ; mais bientôt perdus dans la campagne, nous ne cherchâmes plus dès lors qu'à retrouver la mer dont le rivage, si nous le suivions toujours, devait nous ramener enfin au Palais soit le soir, soit dans la nuit ou le lendemain matin, car nous ne savions plus où il était, ni nous-mêmes où nous étions.

N'importe, c'est toujours un plaisir, même quand la campagne est laide, que de se promener à deux tout au travers, en marchant dans les herbes, en traversant les haies, en sautant les fossés, abattant des chardons avec votre bâton, arrachant avec la main les feuilles et les épis, allant au hasard comme l'idée vous pousse, comme les pieds vous portent, chantant, sifflant, causant, rêvant, sans oreille qui vous écoute, sans bruit de pas derrière vos pas, libres comme au désert !

Ah ! de l'air ! de l'air ! de l'espace encore ! Puisque nos âmes serrées étouffent et se meurent sur le bord de la fenêtre, puisque nos esprits captifs, comme l'ours dans sa fosse, tournent toujours sur eux-mêmes et se heurtent contre ses murs, donnez au moins à mes narines le parfum de tous les vents de la terre, laissez s'en aller mes yeux vers tous les horizons !

Aucun clocher ne montrait au loin son toit reluisant d'ardoises, pas un hameau n'apparaissait au revers d'un pli de terrain, ajustant dans un bouquet d'arbres ses toits de chaume et ses cours carrées ; on ne rencontrait personne, ni paysan qui passe, ni mouton qui broute, ni chien qui rôde.

Tous ces champs cultivés n'avaient pas l'air habités ; on y travaille, on n'y vit point. On dirait que tous ceux qui les ont en profitent, mais ne les aiment pas.

Nous avons vu une ferme, nous sommes entrés dedans ; une femme en guenilles nous a servi dans des tasses de grès du lait frais comme de la glace. C'était un silence singulier. Elle nous regardait avidement, et nous sommes repartis.

Nous sommes descendus dans un vallon dont la gorge étroite semblait s'étendre vers la mer. De longues herbes à fleurs jaunes nous montaient jusqu'au ventre. Nous avancions en faisant de grandes enjambées. Nous entendions de l'eau couler près de nous et nous enfoncions dans la terre marécageuse. Les deux collines vinrent à s'écarter, portant toujours sur leurs versants arides un gazon ras que des lichens plaquaient par intervalles comme de grandes taches jaunes. Au pied de l'une d'elles un ruisseau passait parmi les rameaux bas des arbrisseaux rabougris qui avaient poussé sur ses bords, et s'allait perdre plus loin dans une mare immobile où des insectes à grandes pattes se promenaient sur la feuille des nénuphars.

Le soleil dardait. Les moucherons bruissaient leurs ailes et faisaient courber la pointe des joncs sous le poids de leurs corps légers. Nous étions seuls tous les deux dans la tranquillité de cette solitude.

En cet endroit, le vallon s'arrondissait en s'élargissant et faisait un coude sur lui-même. Nous montâmes sur une butte pour découvrir au-delà ; mais l'horizon vite s'arrêtait, enclos par une autre colline, ou bien étendait de nouvelles plaines. Cependant nous prîmes courage et continuâmes à avancer, tout en pensant à ces voyageurs abandonnés dans les îles, qui grimpent sur les promontoires pour apercevoir au loin quelque voile venant à eux.

Le terrain devint plus sec, les herbes moins hautes, et la mer tout à coup se présenta devant nous, resserrée dans une anse étroite, et bientôt sa grève faite de débris de madrépores et de coquilles se mit à crier sous nos pas. Nous nous laissâmes tomber par terre et nous nous endormîmes, épuisés de fatigue. Une heure après, réveillés par le froid, nous nous remîmes en marche, sûrs cette fois de ne pas nous perdre ; nous étions sur la côte qui regarde la France, et nous avions Le Palais à notre gauche. C'était sur ce rivage-là que nous avions vu la veille la grotte qui nous avait tant charmés. Nous ne fûmes pas longtemps à en trouver d'autres plus hautes et plus profondes.

Elles s'ouvraient toujours par de grandes ogives, droites ou penchées, poussant leurs jets hardis sur d'énormes pans de rocs aux coupes régulières. Noires et veinées de violet, rouges comme du feu, brunes avec des lignes blanches, elles découvraient pour nous, qui les venions voir, toutes les variétés de leurs teintes et de leurs formes, leurs grâces, leurs fantaisies grandioses. Il y en avait une, couleur d'argent, que traversaient des veines de sang ; dans une autre des touffes de fleurs ressemblant à des primevères s'étaient écloses sur les glacis de granit rougeâtre, et du plafond tombaient sur le sable fin des gouttes lentes qui recommençaient toujours. Au fond de l'une d'elles, sur un cintre allongé, un lit de gravier blanc et poli, que la marée sans doute retournait et refaisait chaque jour, semblait être là pour y recevoir au sortir des flots le corps de la Naïade ; mais sa couche est vide et pour toujours l'a perdue ! Il ne reste que ces varechs encore humides où elle étendait ses beaux membres nus, fatigués de la nage et sur lesquels, jusqu'à l'aurore, elle dormait au clair de lune.

Le soleil se couchait. La marée montait au fond sur les roches, qui s'effaçaient dans le brouillard bleu du soir, que blanchissait sur le niveau de la mer l'écume des vagues rebondissantes, et, de l'autre partie de l'horizon, le ciel rayé de longues lignes orange avait l'air balayé comme par de grands coups de vent. Sa lumière reflétée sur les flots les dorait d'une moire chatoyante ; se projetant sur le sable, elle le rendait brun et faisait briller dessus un semis d'acier.

À une demi-lieue vers le sud, la côte allongeait vers la mer une file de rochers. Il fallait pour les joindre recommencer une marche pareille à celle que nous avions faite le matin. Nous étions fatigués, il y avait loin ; mais une tentation nous poussait vers là-bas, derrière cet horizon. La brise arrivait, dans le creux des pierres les flaques d'eau se ridaient, les goémons accrochés aux flancs des falaises tressaillaient et, du côté d'où la lune allait venir, une clarté pâle montait de dessous les eaux.

C'était l'heure où les ombres sont longues. Les rochers semblaient plus grands, les vagues plus vertes. On eût dit que le ciel s'agrandissait et que toute la nature changeait de visage.

Donc nous partîmes en avant, au-delà, sans nous soucier de la marée qui montait, ni s'il y aurait plus tard un passage pour regagner terre. Nous voulions jusqu'au bout abuser de notre plaisir et le savourer sans en rien perdre. Plus légers que le matin, nous sautions, nous courions sans fatigue ; sans obstacle, une verve de corps nous emportait malgré nous et nous éprouvions dans les muscles des espèces de tressaillements d'une volupté robuste et singulière. Nous secouions nos têtes au vent, et nous avions du plaisir à toucher les herbes avec nos mains. Aspirant l'odeur des flots, nous humions, nous évoquions à nous tout ce qu'il y avait de couleurs, de rayons, de murmures : le dessin des varechs, la douceur des grains de sable, la dureté du roc qui sonnait sous nos pieds, les altitudes de la falaise, la frange des vagues, les découpures du rivage, la voix de l'horizon ; et puis c'était la brise qui passait, comme d'invisibles baisers qui nous coulaient sur la figure, c'était le ciel où il y avait des nuages allant vite, roulant une poudre d'or, la lune qui se levait, les étoiles qui se montraient. Nous nous roulions l'esprit dans la profusion de ces splendeurs, nous en repaissions nos yeux ; nous en écartions les narines, nous en ouvrions les oreilles ; quelque chose de la vie des éléments émanant d'eux-mêmes, sous l'attraction de nos regards, arrivait jusqu'à nous, s'y assimilant, faisait que nous les comprenions dans un rapport moins éloigné, que nous les sentions plus avant, grâce à cette union plus complexe. À force de nous en pénétrer, d'y entrer, nous devenions nature aussi, nous sentions qu'elle gagnait sur nous et nous en avions une joie démesurée ; nous aurions voulu nous y perdre, être pris par elle ou l'emporter en nous. Ainsi que dans les transports de l'amour on souhaite plus de mains pour palper, plus de lèvres pour baiser, plus d'yeux pour voir, plus d'âme pour aimer, nous étalant sur la nature dans un ébattement plein de délire et de joies, nous regrettions que nos yeux ne puissent aller jusqu'au sein des rochers, jusqu'au fond des mers, jusqu'au bout du ciel, pour voir comment poussent les pierres, se font les flots, s'allument les étoiles ; que nos oreilles ne pussent entendre graviter dans la terre la formation du granit, la sève pousser dans les plantes, les coraux rouler dans les solitudes de l'océan et, dans la sympathie de cette effusion contemplative, nous eussions voulu que notre âme, s'irradiant partout, allât vivre dans toute cette vie pour revêtir toutes ses formes, durer comme elles et, se variant toujours, toujours pousser au soleil de l'éternité ses métamorphoses.

Mais l'homme n'est fait pour goûter chaque jour que peu de nourriture, de couleurs, de sons, de sentiments, d'idées ; ce qui dépasse la mesure le fatigue ou le grise ; c'est l'idiotisme de l'ivrogne, c'est la folie de l'extatique. Ah ! que notre verre est petit, mon Dieu ! que notre soif est grande ! que notre tête est faible !

Ce soir-là nous n'avions plus la nôtre parfaitement d'aplomb sur les épaules ; nous nous en revenions animés, émus, presque furieux, le cœur battant, les nerfs vibrants comme les cordes d'une harpe que l'on a trop pincées ; nous nous sentions le corps fatigué, le cerveau étourdi, tandis qu'au contraire nos jarrets, saccadant leurs mouvements, d'eux-mêmes nous poussaient en avant et nous faisaient presque bondir. Lorsque nous rentrâmes dans la ville dont on allait fermer les portes, il y avait quatorze heures que nous marchions, nos pieds sortaient par nos souliers et l'on tordit nos chemises qui, deux jours après, n'étaient pas sèches.

[…]

En route ! Le ciel est bleu, le soleil brille, et nous nous sentons dans les pieds des envies de marcher sur l'herbe.

De Crozon à Landévennec, la campagne est découverte, sans arbres ni maisons ; une mousse rousse comme du velours râpé s'étend à perte de vue sur un sol plat. Parfois des champs de blés mûrs s'élèvent au milieu de petits ajoncs rabougris. Les ajoncs ne sont plus en fleurs, les voilà redevenus comme avant le printemps.

Des ornières de charrettes profondes et bordées sur leurs bords d'un bourrelet de boue sèche, se multipliant irrégulièrement les unes près des autres, apparaissent devant vous, se continuent longtemps, font des coudes et se perdent à l'œil. L'herbe pousse par grandes places entre ces sillons effondrés. Le vent siffle sur la lande ; nous avançons ; la brise joyeuse se roule dans l'air, elle sèche de ses bouffées la sueur qui perle sur nos joues et, quand nous faisons halte un instant, nous entendons, malgré le battement de nos artères, son bruit qui coule sur la mousse.

De place en place, pour nous dire la route, surgit un moulin tournant rapidement dans l'air ses grandes ailes blanches. Le bois de leur membrure craque en gémissant ; elles descendent, rasent le sol, et remontent. Debout sur la lucarne tout ouverte, le meunier nous regarde passer.

Nous continuons, nous allons ; en longeant une haie d'ormeaux qui doit cacher un village, dans une cour plantée, nous avons entrevu un homme monté dans un arbre ; au pied, se tenait une femme qui recevait dans son tablier bleu les prunes qu'il lui jetait d'en haut. Je me souviens d'une masse de cheveux noirs tombant à flots sur ses épaules, de deux bras levés en l'air, d'un mouvement de cou renversé et d'un rire sonore qui m'est arrivé à travers le branchage de la haie.

Le sentier que l'on suit devient plus étroit. Tout à coup, la lande disparaît et l'on est sur la crête d'un promontoire qui domine la mer. Se répandant du côté de Brest, elle semble ne pas finir, tandis que, de l'autre, elle avance ses sinuosités dans la terre qu'elle découpe, entre des coteaux escarpés, couverts de bois taillis. Chaque golfe est resserré entre deux montagnes ; chaque montagne a deux golfes à ses flancs, et rien n'est beau comme ces grandes pentes vertes, dressées presque d'aplomb sur l'étendue bleue de la mer. Les collines se bombent à leur faîte, épatent leur base, se creusent à l'horizon dans un évasement élargi qui regagne les plateaux, et, avec la courbe gracieuse d'un plein cintre moresque, se relient l'une à l'autre, continuant ainsi, en le répétant sur chacune, la couleur de leur verdure et le mouvement de leurs terrains. À leurs pieds, les flots, poussés par le vent du large, pressaient leurs plis. Le soleil, frappant dessus, en faisait briller l'écume sous ses feux, les vagues miroitaient en étoiles d'argent et tout le reste était une immense surface unie dont on ne se rassasiait pas de contempler l'azur.

Sur les vallons on voyait passer les rayons du soleil. Un d'eux, abandonné déjà par lui, estompait plus vaguement la masse de ses bois et, sur un autre, une barre d'ombre large et noire s'avançait.

À mesure que nous descendions le sentier, et qu'ainsi nous nous rapprochions du niveau du rivage, les montagnes en face desquelles nous étions tout à l'heure semblaient devenir plus hautes, les golfes plus profonds ; la mer s'agrandissait. Laissant nos regards courir à l'aventure, nous marchions, sans prendre garde, et les cailloux chassés devant nous déroulaient vite et allaient se perdre dans les bouquets de broussailles qui couvraient les bords du chemin.

Par les champs et par les grèves, 1847.

17.

Robert Louis Stevenson

Robert Louis Stevenson (1850-1894) est surtout connu pour son Île au trésor *et son* Étrange Cas du docteur Jekyll et de M. Hyde. *Cet écrivain écossais était aussi un voyageur et un aventurier. Il effectua en 1879 une randonnée à pied d'une dizaine de jours, en compagnie d'une ânesse, de Monastier-sur-Gazeille jusqu'à Saint-Jean-du-Gard (parcours aujourd'hui connu sous le nom de « chemin de Stevenson »). Quelques années auparavant, il avait rédigé un article intitulé « Walking Tours » (juin 1876), dans lequel il fixait les grands principes pratiques et spirituels de la randonnée.*

UNE RANDONNÉE À PIED DOIT ÊTRE FAITE SEUL

On ne doit pas se figurer qu'une randonnée à pied, comme certains voudraient que nous allions l'imaginer, est simplement une meilleure ou une plus mauvaise manière de voir le pays. Il y a bien des façons tout à fait aussi bonnes de voir le paysage ; et aucune n'est plus vivante, n'en déplaise aux dilettantes affectés, que dans un train. Mais dans une randonnée pédestre, le paysage est tout à fait secondaire. Celui qui fait vraiment partie de la confrérie ne voyage pas à la recherche du pittoresque, mais de certains états d'âme vivifiants – l'espoir et l'élan avec lesquels la marche débute le matin, la paix et la plénitude spirituelle qu'on goûte avec le repos du soir. Il est incapable de dire quel est le moment qu'il goûte le plus, celui où il met sac au dos, ou celui où il le met à terre. L'excitation du départ le met au diapason de ce que sera l'excitation de l'arrivée. Tout ce qu'il fait n'est pas seulement une récompense en soi mais trouvera sa récompense par la suite ; et ainsi un plaisir conduit à un autre, suivant un enchaînement sans fin. C'est ce qui est compris par si peu de gens ; ils vont flâner sans arrêt ou marcher à la vitesse de cinq milles à l'heure ; ils n'opposent pas l'un à l'autre, ils se préparent toute la journée pour la soirée, et toute la soirée pour le lendemain. Et par-dessus tout, c'est sur ce point que votre marcheur acharné manque de compréhension. Son cœur s'élève contre ceux qui boivent leur curaçao dans des verres à liqueur, quand il peut lui-même avaler le sien dans une chope en terre brune. Il ne croira pas que la saveur est plus délicate à dose plus faible. Il ne croira pas que le fait de marcher sur cette distance démesurée n'a d'autre but que celui de l'abrutir et de le brutaliser pour arriver le soir, dans cette auberge, avec ses cinq sens comme gelés, et l'esprit complètement obscurci. La soirée douce et lumineuse du marcheur modéré n'est pas pour lui ! Il n'a plus rien d'humain, à part le besoin physique d'aller se mettre au lit après avoir bu un double whisky ; et même sa pipe, s'il est fumeur, lui paraîtra sans saveur et sans charme. C'est le destin d'un tel individu de se donner deux fois plus de mal qu'il n'est nécessaire pour parvenir au bonheur, et de manquer le bonheur en fin de compte ; bref il est comme l'homme du proverbe qui va plus loin et se porte plus mal.

À présent, pour se goûter convenablement, une randonnée à pied doit être faite seul. Si vous l'entreprenez en groupe, ou même à deux, elle n'a plus de la randonnée pédestre que le nom ; c'est quelque chose d'autre qui se rapprocherait davantage du pique-nique. Une randonnée à pied doit se faire seul, car la liberté est essentielle ; parce que vous devez être libre de vous arrêter et de continuer, et de suivre ce chemin-ci ou cet autre, au gré de votre fantaisie ; et parce que vous devez marcher à votre allure, sans trotter comme un champion de la marche, ni musarder avec une fille. Et alors vous devez être accessible à toutes les impressions et laisser vos pensées prendre la couleur de ce que vous voyez. Vous devez être comme un chalumeau dont n'importe quel vent peut jouer. « Je ne vois pas l'intérêt, dit Hazlitt, qu'il peut y avoir à marcher et à parler en même temps. Quand je suis à la campagne, j'ai le désir de végéter comme la campagne » – ce qui est l'essentiel de tout ce que l'on peut dire en la matière. Il ne doit pas y avoir de caquetages près de vous, qui viennent troubler le silence méditatif de la matinée. Et tant qu'un homme raisonne, il ne peut pas s'abandonner à cette bonne ivresse salutaire qui prend naissance quand on se remue beaucoup au grand air, qui débute par une sorte d'éblouissement et de lourdeur de l'esprit et se termine dans une paix qui dépasse l'entendement.

Pendant approximativement la première journée de n'importe quelle randonnée il y a des moments d'amertume, lorsque le voyageur a des sentiments plus que froids à l'égard de son havresac, lorsqu'il a à moitié envie de le lancer par-dessus une haie et, comme Christian dans une occasion semblable, « de faire trois bonds et de continuer en chantant ». Et cependant il acquiert bientôt la propriété d'être facile. Il devient magnétique ; l'esprit du voyage pénètre en lui. Et dès que vous avez passé les courroies sur votre épaule la lie du sommeil se dépose, vous vous ressaisissez en vous ébrouant et vous reprenez votre allure. Et de toutes les dispositions dans lesquelles un homme peut se trouver quand il prend la route, celle-ci est sûrement la meilleure. Naturellement, s'il ne cesse de penser à ses anxiétés, s'il ouvre le coffre du marchand Abudah et s'il va la main dans la main avec la sorcière – eh bien ! quel qu'il soit, qu'il marche rapidement ou lentement, il a toutes les chances de ne pas être heureux. Et il en sera d'autant plus couvert de honte ! Il y a probablement trente hommes qui partent à la même heure et je parierais gros qu'il n'y a pas parmi eux d'autre visage maussade. Ce serait beau de suivre, en se cachant, ces voyageurs l'un après l'autre, par une matinée de printemps, pendant les premiers milles qu'ils parcourront sur la route. Celui-ci, qui marche vite, avec dans l'œil un regard perçant, est entièrement concentré sur lui-même ; il est à son métier, entrelaçant les fils, pour traduire le paysage en mots. Celui-ci inspecte tout autour de lui, en avançant, parmi les herbes ; il s'attarde au bord du canal pour guetter les libellules ; il se penche sur la clôture du pâturage et ne se lasse pas de contempler la vache béate. Et voici venir un autre qui parle, qui rit et gesticule tout seul. Son expression change d'un instant à l'autre, l'indignation jaillit de ses yeux ou la colère vient assombrir son front. Il compose des articles, prononce des harangues et mène en chemin les interviews les plus passionnées. Un peu plus loin, il ne s'en faut pas de beaucoup qu'il ne se mette à chanter. Et il est à souhaiter pour lui, s'il n'est pas grand artiste en la matière, qu'il ne tombe pas au prochain croisement sur un paysan lourdaud, j'ai peine à savoir qui est le plus troublé, ou ce qui est pire, souffrir la confusion de votre troubadour ou l'inquiétude non feinte de votre clown. Une population sédentaire, habituée, en outre, à l'étrange comportement machinal du chemineau habituel ne peut en aucune manière s'expliquer la gaieté de ces passants. J'ai connu un homme qui avait été arrêté comme fou évadé parce que, bien qu'adulte et portant une barbe rousse, il marchait en gambadant comme un enfant. Et vous seriez étonné si je me mettais à vous raconter ce que m'ont confessé tant de personnages graves et instruits : pendant leurs promenades à pied, ils chantaient – et très faux – et ils rougissaient jusqu'à la racine des cheveux quand le paysan décrit plus haut leur tombait inopportunément dans les bras au tournant de la route. Et, de crainte que vous ne pensiez que j'exagère, voici la confession de Hazlitt dans son essai intitulé *En voyage* qui est si bon qu'on devrait faire payer un impôt spécial à tous ceux qui ne l'ont pas lu :

« Donnez-moi le ciel bleu et limpide au-dessus de ma tête », dit-il, « le vert gazon sous mes pieds, une route sinueuse devant moi, et une marche de trois heures avant le dîner – et alors, je me mets à penser ! Il est difficile que je ne me mette pas à jouer un jeu sur ces landes désertes. Je ris, je cours, je bondis, je chante de joie. »

Brave ! Après cette aventure de mon ami avec le policeman, vous ne vous seriez pas soucié, n'est-ce pas, de publier cela à la première personne ? Mais de nos jours on n'est plus courageux et même dans les livres chacun veut se faire passer pour aussi sinistre et aussi fou que son voisin. Il n'en était pas de même pour Hazlitt. Et remarquez combien il est instruit (comme, en vérité, tout au long de cet essai) dans la théorie des voyages à pied. Il n'appartient pas à la catégorie de vos athlètes en bas violets qui font leurs trente milles par jour : trois heures de marche, voilà son idéal. Et alors, il lui faut une route sinueuse, à cet épicurien !

Il y a cependant, dans ce qu'il fit, une chose à laquelle je fais une objection, un point dans la pratique de ce grand maître qui ne me paraît pas entièrement justifié. Je n'approuve pas cette façon de courir et de bondir. Ces deux pratiques accélèrent la respiration ; elles secouent le cerveau et le font sortir de sa glorieuse confusion due au grand air, et elles rompent la cadence. Une marche irrégulière ne convient pas tellement au corps ; elle distrait et agace l'esprit. Tandis que, une fois que vous avez trouvé une démarche régulière, vous n'avez plus besoin de pensée consciente pour la conserver et cependant cela vous évite de penser sérieusement à quoi que ce soit d'autre. Comme le tricot, comme le travail de copie d'un clerc, cela neutralise progressivement toute activité sérieuse de l'esprit et la met en sommeil. Nous pouvons penser à une chose ou une autre, légèrement et en riant, comme fait un enfant, ou comme nous faisons dans le demi-sommeil du matin ; nous pouvons faire des jeux de mots ou combiner des acrostiches, et nous jouer de mille façons des mots et des rimes ; mais quand on en arrive au travail sérieux, quand nous en arrivons à rassembler nos esprits en vue d'un effort nous pouvons sonner de la trompette aussi fort et aussi longtemps que cela nous convient ; les grands barons de l'esprit ne rallieront pas l'étendard, mais resteront chacun chez soi, à se chauffer les mains au-dessus de leur foyer, et à rêver au gré de leurs pensées personnelles.

Dans le cours d'une marche de la journée, il y a, vous voyez, beaucoup de variations d'humeur. Entre le joyeux enthousiasme du départ et le calme heureux de l'arrivée, le changement est certainement très important. À mesure que la journée s'avance, le voyageur se déplace d'un extrême à l'autre. Il s'incorpore de plus en plus au paysage matériel, la griserie du grand air se développe en lui avec les grandes enjambées, jusqu'au moment où il suit la route, voit tout ce qui l'entoure, comme dans un rêve joyeux. La première étape est certainement plus brillante, mais la seconde est la plus paisible. Un homme n'en fait pas autant vers la fin, et ne rit pas tout haut ;

mais les plaisirs purement animaux, le sens du bien-être physique, les délices causées par chaque inhalation d'air, chaque durcissement des muscles en bas des cuisses, le consolent de l'absence des autres et le conduisent à destination toujours satisfait.

Et je ne dois pas oublier de dire un mot des bivouacs. Vous arrivez à une borne au sommet d'une colline, ou à quelque endroit où des chemins creux se rejoignent sous les arbres ; et le sac va à terre, et vous vous asseyez pour fumer une pipe à l'ombre. Vous vous plongez en vous-même, les oiseaux vous entourent et viennent vous regarder ; et votre fumée se dissipe dans l'atmosphère de l'après-midi sous le dôme bleu des cieux ; et le soleil vous chauffe les pieds, et l'air frais se glisse dans votre cou, écarte le col ouvert de votre chemise. Si vous n'êtes pas heureux, c'est que vous n'avez pas bonne conscience. Vous pouvez folâtrer aussi longtemps que vous voulez sur le bord de la route. C'est un peu comme si le règne millénaire du Messie était arrivé à son terme, quand nous jetterons nos montres et nos pendules par-dessus le toit de nos maisons et quand nous oublierons le temps et les saisons. Ne pas considérer les heures pour une vie entière c'est, allais-je dire, vivre pour toujours. Vous n'avez pas idée, si vous ne l'avez pas essayé, combien est interminable une journée d'été, que vous ne mesurez que par la faim et qui ne se termine pour vous que lorsque vous avez sommeil. Je connais un village où il n'y a pour ainsi dire pas de pendules, où personne n'a d'autre idée des jours de la semaine que par une sorte d'instinct du jour de fête le dimanche, et où une seule personne est capable de vous dire le jour du mois, et encore, elle se trompe généralement ; et si les gens savaient avec quelle lenteur le Temps avançait dans ce village, et quelles brassées d'heures d'oisiveté il donnait, par-dessus le marché, à ses habitants avisés, je crois qu'il y aurait une fuite précipitée hors de Londres, Liverpool, Paris, et de toute une série de grandes villes, où les pendules perdent la tête, et font dérouler les heures plus vite les unes que les autres, comme si elles étaient toutes engagées dans un pari. Et tous ces pèlerins insensés emporteraient chacun leur propre misère, sous forme d'une montre dans leur poche ! On doit noter qu'il n'y avait ni pendules ni montres aux jours tant vantés ayant précédé le déluge. Il en résulte naturellement qu'il n'y avait pas de rendez-vous et que l'on n'avait pas encore imaginé la ponctualité. « Bien que vous ayez pris à un homme cupide tout son trésor », dit Milton, « il lui reste encore un joyau ; vous ne pouvez le priver de sa cupidité. » Et ainsi je dirais qu'un homme d'affaires moderne, vous pouvez faire pour lui tout ce que vous voulez, l'installer au Paradis, lui donner l'élixir de longue vie, il aura toujours un défaut intrinsèque, il aura toujours ses habitudes d'homme d'affaires. Maintenant, il n'y a pas de moment où les habitudes d'homme d'affaires soient plus atténuées qu'au cours d'un voyage à pied. Et ainsi, pendant ces haltes, comme j'ai dit, vous vous sentirez presque libre.

Mais c'est à la tombée de la nuit, et après le dîner, que l'on jouit du meilleur moment. Il n'y a pas de pipes qui vaillent celles que l'on fume après une bonne journée de marche ; l'arôme du tabac ne peut s'oublier, il est si sec et si aromatique, si plein et si fin. Si vous terminez la soirée par un grog, ce sera un grog comme vous n'en avez jamais connu ; à chaque gorgée une jovialité paisible se répand dans vos membres, s'installe doucement dans votre cœur. Si vous lisez un livre – et vous ne le ferez jamais que par à-coups – vous trouverez la langue étrangement pleine de verve et d'harmonie ; les mots prennent une signification nouvelle ; de simples phrases vous résonnent à l'oreille pendant une demi-heure ; et l'auteur se fait aimer de vous, à chaque page, par la plus belle coïncidence de sentiments. Il vous semble que c'est un livre que vous auriez écrit vous-même en rêve. Nous repensons ensuite avec une préférence particulière à tout ce que nous avons lu en de telles occasions. « C'est le 10 avril 1798 », dit Hazlitt avec une amoureuse précision, « que je me suis mis à lire *la Nouvelle Héloïse*, à l'Auberge de Llangollen, devant une bouteille de sherry et un poulet froid. » J'aimerais en citer davantage, car, bien que, de nos jours, nous soyons des gars joliment bien, nous ne savons pas écrire comme Hazlitt. Et, à ce propos, un volume des essais de Hazlitt serait un livre essentiel à avoir dans sa poche pendant un tel voyage ; de même qu'un volume de poèmes de Heine ; pour ce qui est de *Tristram Shandy* je peux invoquer une expérience loyale.

Si la soirée est belle et douce, il n'y a rien de meilleur dans la vie que de flâner devant la porte de l'auberge au coucher du soleil, ou de se pencher par-dessus le parapet du pont, pour regarder les roseaux et les poissons rapides. C'est dans une telle occasion, ou jamais, que vous éprouvez la Jovialité dans la pleine signification de ce mot audacieux. Vos muscles sont si agréablement détendus, vous vous sentez si net, si fort et si disponible que, quoi que vous fassiez – bouger ou rester immobile, cela est fait avec fierté et un plaisir d'une qualité royale. Vous entamez la conversation avec n'importe qui, sage ou insensé, ivre ou à jeun. Et il semble qu'une marche ardente vous a purgé, mieux que n'importe quoi, de toute étroitesse d'esprit et de tout orgueil, en laissant la curiosité jouer librement son rôle, comme chez un enfant ou un homme de science. Vous laissez de côté toutes vos marottes, pour regarder les humeurs provinciales se développer devant vous, tantôt comme une farce risible, tantôt comme un vieux conte grave et magnifique.

Ou bien vous êtes peut-être abandonné à votre propre compagnie pour la soirée, et le temps maussade vous tient prisonnier au coin du feu. Vous pouvez vous rappeler comment Burns, énumérant les plaisirs passés, s'attarde sur les heures pendant lesquelles il s'est livré à « la pensée heureuse ». C'est une expression qui peut bien rendre perplexe un malheureux moderne, entouré de tous côtés par des horloges et des carillons, et hanté, même la nuit, par des cadrans flamboyants. Car nous étions tous si occupés, nous avons tant de projets lointains à réaliser, de châteaux en Espagne à transformer en manoirs habitables construits sur un terrain solide que nous n'avons pas le temps de faire des voyages d'agrément dans le Pays de la Pensée et parmi les Collines de la Vanité. Les temps sont changés, cela est vrai, lorsque nous devons rester toute la nuit, au coin du feu, les mains jointes ; et un monde changé pour la plupart d'entre nous, quand nous découvrons que nous pouvons passer les heures sans ennui et être heureux à penser. Nous sommes dans une telle hâte de faire des choses, d'écrire, d'amasser de l'argent, de faire entendre un instant notre voix dans le dérisoire silence de l'éternité, que nous oublions une seule chose, dont ces choses ne sont que des parties, c'est-à-dire, vivre. Nous tombons amoureux, nous buvons sec, nous courons çà et là sur la terre comme des brebis terrifiées. Et à présent vous devez vous demander si, quand tout est fait, vous ne feriez pas mieux de vous asseoir chez vous au coin du feu et d'être heureux en pensant. Rester immobile en contemplation – se remémorer le visage des femmes sans éprouver de désir, être satisfait des grandes actions des hommes sans éprouver d'envie, être en sympathie avec tout et partout et cependant satisfait de rester ce que l'on est, où l'on est – n'est-ce pas cela connaître à la fois la sagesse et la vertu, vivre heureux ? Après tout, ce ne sont pas ceux qui portent les bannières, mais ceux qui les regardent passer de leur chambre qui goûtent tout le plaisir de la procession. Et si vous en êtes là, vous vous trouvez dans l'état d'esprit même de toute hérésie sociale. Ce n'est pas le moment de tergiverser ou de dire de grandes phrases vides. Si vous vous demandez ce que vous entendez par la réputation, la richesse, la science, la réponse est hors de portée ; et vous revenez dans ce royaume des imaginations légères qui paraissent si vaines aux yeux des Philistins aspirant à la fortune, et si importantes pour ceux qui sont frappés par les disproportions du monde et en face des étoiles géantes ne peuvent s'arrêter d'établir des différences entre deux degrés de l'infiniment petit, tels que le tabac pour la pipe ou l'Empire romain, un million en argent ou une bagatelle.

Vous vous penchez à la fenêtre, votre dernière pipe dégage une fumée blanche dans l'obscurité, votre corps est plein de douleurs délicieuses, votre esprit intronisé dans le septième cercle du bonheur ; quand soudain la lune change, la girouette s'oriente autrement, et vous vous posez encore une question : est-ce que dans la circonstance, vous avez été le plus sage des philosophes ou l'âne le plus accompli ? L'expérience humaine n'est pas encore en mesure de répondre ; mais au moins vous avez passé un agréable moment, et considéré tous les royaumes de la terre. Que cela ait été sage ou insensé, le voyage de demain vous emportera, corps et esprit, dans quelque paroisse différente de l'infini.

« Randonnées à pied », juin 1876.

18.

Gustave Roud

Gustave Roud, poète suisse (1897-1976), vécut une existence retirée à Carrouge, dans le Haut-Jorat, existence partagée entre les longues promenades, l'écriture, la photographie et la traduction de grands poètes allemands (Hölderlin, Rilke, etc.). Il décrit dans ses poèmes une Suisse romande rurale, en train de disparaître, et rédige un éloge poétique et vibrant de « la marche en plaine », bien éloignée des grands élans sublimes des expéditions aux sommets, mais au plus près du cœur palpitant du monde.

Petit traité de la marche en plaine

Il y a une mystique de l'Alpe. Le ciel nous garde d'en médire ! Après tout, si tant d'humains envient le sort de l'araignée et, suspendus à leur corde, se balancent tout l'été au « vent des cimes » – peu importe. Leur foi crée son objet. D'une informe masse rocheuse, ou d'une architecture sous les jeux monotones de la lumière en un coup d'œil lue et « vidée », elle fait une merveille inépuisable, un monstre mystérieux qu'avec un rire d'orgueil elle entend réduire par des câbles et des pics. De risibles textes nous laissent sceptique sur l'efficace d'une telle transfiguration. Sur la pointe des quatre mille mètres, l'homme des glaciers sublimes, confondant la grandeur et le nombre, s'émerveille bonnement du dédale de sommets qui l'entourent. Il s'efforce d'ordonner un chaotique vocabulaire qu'annule la seule phrase pure d'une colline.

[...]

Si la marche en montagne se déroule selon le rythme le plus simple et le plus immuable : finasseries entre le jarret, le roc et la corde, cinq minutes de « panorama », et descente, aux lèvres l'orgueil de la victoire sur soi-même et le granit, la marche en plaine, en face d'une mécanique si pauvre et si rigide, est toute nuance et toute richesse. Elle aussi exige l'effort, mais non par grossière magie arithmétique (oh ! se hisser à 4317 mètres !). C'est, presque à l'horizon, le village qu'allume un soleil bas ; chaque vitre à son tour vous fait signe d'un doigt qui miroite ; là seulement vous trouverez le sommeil. Et vous repartez en agitant la main devant les yeux pour chasser les rayons et les mouches. Ou bien l'abandon vous est accordé au contraire comme une grâce. « *Pourquoi repartir* (vous chante une paresse sournoise à la table où la soif pour quelques minutes, pensez-vous, vous arrête, hanté d'un nom à découvrir, plus loin, plus loin encore !), *rouvre tes yeux avec délices sur ce lieu que tu pensais n'exister point au monde. Voici la place et les criantes petites filles, la route vers les champs où résonne encore le pas des chevaux disparus. Respire parmi la poussière cette odeur de sève et de miel et celle des jardins fatigués, et sous ta main enfin voici battre ton cœur sans hâte...* »

Votre marche est un tissu imprévisible de sursauts, d'acquiescements, de dérives plus fructueuses que des poursuites. Une succession de contacts dont chacun de l'autre diffère imperceptiblement ou dans sa totalité.

Source étrange de connaissance, hasard maître des merveilles ! C'est par l'extrême de la soif que vous *connaissez* la fraise sous la feuille, par l'extrême épouvante de vous-même que vous *connaissez* l'église et son ombre, c'est aux confins de la lassitude et du sommeil que vous *connaissez* la vague morte bue par le sable d'août. Connaissance par l'extrême de la ressemblance, mais l'inverse aussi, par l'extrême de la différence : c'est au moment où tout en vous est retombement, glissement vers le sommeil que vous *connaissez* l'élan rapide, le suspens léger de la lune au ciel de minuit. Il faut l'asphyxie de toute l'âme par une pensée qui flambe depuis des heures et l'étouffe de sa fumée, il faut l'oreille rompue par la phrase intérieure pareille à la graine aux coques des pavots, pour *connaître* le chant aérien dans les feuillages, sa déchirante liberté.

Le problème des retours ne se poserait même pas, tant cet état de surprise est naturellement celui du voyageur en plaine, si la mémoire ne cristallisait en quelque sorte, aux lieux où nos sursauts spirituels furent les plus féconds, le fantôme de ces sursauts. Hors du temps, soustrait (imaginons-nous) au caprice de la lumière, de la saison, de notre individu momentané, quelque chose existe qui s'est une fois pour toutes incorporé au paysage et à nous-mêmes, un bonheur né d'une rencontre et que nous retrouverons si cette rencontre se renouvelle. L'appel, l'attirance de ce fantasme deviennent irrésistibles aux heures de sécheresse. La raison ne peut rien contre l'illusion toute-puissante. Et quelques jours après, sous l'arbre retrouvé, à l'angle du mur chargé de chélidoines, un automate aux bras ballants veille au cœur du monde son propre cadavre. Loi presque fatale des retours : l'on ne se résigne jamais à la déception que le premier fait naître (déception dont le souvenir est même assez amer pour tenter la mélancolie), et sans fin l'on recommence, jusqu'au désespoir de l'espérance elle-même.

Oublier, oublier sauvagement, férocement, seule chance de salut, – illusoire encore puisque le retour avec l'oubli n'est plus le retour.

On aurait tort d'ailleurs d'imaginer l'échange avec le monde comme une opération jamais suspendue, un geste aussi régulier que celui d'une cueilleuse de fleurs jusqu'à la corbeille remplie. Souvent au soir vos mains vous sembleront vides et le sommeil vous délivrera d'une pauvreté inexplicable. Chaque heure est loin de donner tout de suite son fruit. Si vous vous obstinez à épeler minutieusement la journée moribonde, vous n'aurez qu'une série de mots incohérents. Il faut attendre, des années peut-être, et la phrase peu à peu s'illumine. Quelquefois cependant vous touchez une sorte de miracle : le temps devenu *réversible* ; une minute éblouissante transfigure une longue file de démarches à tâtons dans le noir. Rien ne saurait peindre l'ivresse de cet instant.

« *C'est la dernière nuit*, dit Paul (et son récit terminera ce tout petit traité où l'auteur néglige preuves et raisons, espérant seulement propager une sorte de contagion « oblique », comme les musiques à bouche des dimanches soirs qui, de trois accords, changent les cœurs d'un village, ou pareille encore à ce piano dans la grande maison noyée de soleil qui fait que le passant s'arrête la gorge serrée et laisse une seule « *Dernière Pensée* » éveiller en lui toute pensée) – *c'est au bord de la dernière nuit que j'ai connu ce furieux renversement de tout l'être, la réponse donnée dans le temps même où la bête elle aussi va succomber. Chassé pendant des heures par les façades me jetant au visage le compte impitoyable de mes pas, traqué par les horloges folles qui ne voulaient dépasser minuit, volontairement perdu parmi les flaques et les touffes d'aulnes d'un terrain informe, rêvant les yeux sans paupières – une pente gravie et je tombe.*

Naître ! Quel vent comme une eau glacée sur ma face ! Je suis au seuil d'une plaine où le soleil roule avec les cloches dans la brume ; un homme laisse tomber sa faux sur la rosée, et chante, chante, tourné vers l'orient. Voix jamais entendue, chant jamais appris, exultation terrible de celui qui accepte le bonheur, cri qui monte avec la lumière, plus haut que toute angoisse, plus haut que les douleurs multipliées, ah ! c'est le monde que vous m'avez rendu ! Debout ! La belle route couleur de lavande pâlit à chaque seconde. Personne jamais ne l'a suivie, elle aussi est née avec le jour.

Et c'est VOUS que ce village là-bas attend pour s'éveiller à l'existence. »

Petit traité de la marche en plaine, 1932.

19.

Slavomir Rawicz

Slavomir Rawicz (1915-2004), officier polonais déporté en Sibérie, raconte dans un récit halluciné (The Long Walk) *une évasion du Goulag au début des années 1940, avec six compagnons d'infortune, et la longue fuite jusqu'en Inde (traversée du désert de Gobi, de l'Himalaya, etc.) dans des conditions effroyables. Même si l'authenticité du récit a été récemment mise en doute,* The Long Walk *demeure un texte saisissant sur les capacités du marcheur à aller jusqu'au bout de la fatigue et du courage.*

À MARCHE FORCÉE

Je m'efforçais de tenir le compte des jours. J'essayai aussi de me souvenir si mes lectures m'avaient appris combien de temps un homme peut résister sans manger ni boire. La chaleur m'accablait de maux de tête. Souvent, le désespoir le plus sombre descendait sur moi et je nous voyais comme six condamnés cheminant vers une mort inéluctable. Chaque matin au réveil la même pensée revenait : À qui le tour ? Nous étions six simulacres d'hommes, desséchés et racornis, qui allaient d'un pas traînant. Le sable semblait se faire de plus en plus meuble, de plus en plus réticent à laisser aller nos pauvres pieds. Quand l'un de nous trébuchait, il se relevait avec une promptitude ostensible. Nous examinions désormais nos chevilles sans nous en cacher, anxieux d'y déceler le début de l'œdème, annonce d'une fin prochaine.

À l'ombre de la mort, nous devînmes plus proches que jamais. Nul ne s'avouait désespéré. Nul n'évoquait son angoisse. Une seule idée nous obsédait, et nous la formulions sans cesse : trouver vite de l'eau ! Là résidait notre seul espoir. J'imaginais, par-delà chaque arête de sable brûlant, un filet d'eau minuscule et, derrière chaque creux aride, il se présentait toujours une nouvelle crête pour entretenir cet espoir.

Deux jours après la mort de Makowski, nous atteignîmes l'extrême limite de notre résistance. Je pense que c'était le douzième jour après avoir quitté l'oasis. Nous ne marchâmes que six heures. Nous cheminions par deux désormais. On ne se souciait pas de choisir un compagnon plutôt qu'un autre. Celui qui se trouvait le plus près au moment de repartir faisait l'affaire, c'était un ami ; on se donnait le bras et l'on avançait en se soutenant l'un l'autre. Les seules autres créatures vivantes étaient des serpents. Ils restaient immobiles. On ne leur voyait que la tête, leur corps étant enfoui sous le sable. Je me demandais d'où ils tiraient leur subsistance. De toute évidence, ils ne nous craignaient pas et nous n'étions du reste nullement tentés de les importuner. Une fois nous vîmes un rat, mais le désert semblait le domaine exclusif des serpents.

À marche forcée, 1956.

V.

TROIS PHILOSOPHES MARCHEURS

20.

Jean-Jacques Rousseau

Rousseau a écrit sur la marche à pied des textes inégalés, qui sont devenus de vrais classiques. C'est dans ses Confessions *surtout qu'il affirme son attachement à ce mode de déplacement, qui constitue pour lui à la fois une expérience authentique de liberté et l'occasion de moments de bonheur pur. En même temps, ces marches représentent des occasions privilégiées de méditation et de réflexion, de telle sorte que c'est bien tout au long des chemins que s'est dessinée l'architecture de ses livres.*

Si jeune, aller en Italie...

Je m'acheminais gaiement avec mon dévot guide et sa sémillante compagne. Nul accident ne troubla mon voyage ; j'étais dans la plus heureuse situation de corps et d'esprit où j'aie été de mes jours. Jeune, vigoureux, plein de santé, de sécurité, de confiance en moi et aux autres, j'étais dans ce court, mais précieux moment de la vie, où sa plénitude expansive étend pour ainsi dire notre être par toutes nos sensations, et embellit à nos yeux la nature entière du charme de notre existence. Ma douce inquiétude avait un objet qui la rendait moins errante et fixait mon imagination. Je me regardais comme l'ouvrage, l'élève, l'ami, presque l'amant de Mme de Warens. Les choses obligeantes qu'elle m'avait dites, les petites caresses qu'elle m'avait faites, l'intérêt si tendre qu'elle avait paru prendre à moi, ses regards charmants, qui me semblaient pleins d'amour parce qu'ils m'en inspiraient, tout cela nourrissait mes idées durant la marche, et me faisait rêver délicieusement. Nulle crainte, nul doute sur mon sort ne troublait ces rêveries. M'envoyer à Turin, c'était, selon moi, s'engager à m'y faire vivre, à m'y placer convenablement. Je n'avais plus de souci sur moi-même ; d'autres s'étaient chargés de ce soin. Ainsi, je marchais légèrement, allégé de ce poids ; les jeunes désirs, l'espoir enchanteur, les brillants projets remplissaient mon âme. Tous les objets que je voyais me semblaient les garants de ma prochaine félicité. Dans les maisons j'imaginais des festins rustiques ; dans les prés, de folâtres jeux ; le long des eaux, les bains, des promenades, la pêche ; sur les arbres, des fruits délicieux ; sous leur ombre, de voluptueux tête-à-tête ; sur les montagnes, des cuves de lait et de crème, une oisiveté charmante, la paix, la simplicité, le plaisir d'aller sans savoir où. Enfin rien ne frappait mes yeux sans porter à mon cœur quelque attrait de jouissance. La grandeur, la variété, la beauté réelle du spectacle rendaient cet attrait digne de la raison ; la vanité même y mêlait sa pointe. Si jeune, aller en Italie, avoir déjà vu tant de pays, suivre Annibal à travers les monts, me paraissait une gloire au-dessus de mon âge. Joignez à tout cela des stations fréquentes et bonnes, un grand appétit et de quoi le contenter ; car en vérité ce n'était pas la peine de m'en faire faute, et sur le dîner de M. Sabran le mien ne paraissait pas.

Je ne me souviens pas d'avoir eu, dans tout le cours de ma vie, d'intervalle plus parfaitement exempt de soucis et de peine que celui des sept ou huit jours que nous mîmes à ce voyage ; car le pas de Mme Sabran, sur lequel il fallait régler le nôtre, n'en fit qu'une longue promenade. Ce souvenir m'a laissé le goût le plus vif pour tout ce qui s'y rapporte, surtout pour les montagnes et pour les voyages pédestres. Je n'ai voyagé à pied que dans mes beaux jours, et toujours avec délices. Bientôt les devoirs, les affaires, un bagage à porter m'ont forcé de faire le monsieur et de prendre des voitures ; les soucis rongeants, les embarras, la gêne y sont montés avec moi, et dès lors, au lieu qu'auparavant dans mes voyages, je ne sentais que le plaisir d'aller, je n'ai plus senti que le besoin d'arriver.

Confessions, livre II.

LA MARCHE A QUELQUE CHOSE QUI ANIME ET AVIVE MES IDÉES

La chose que je regrette le plus dans les détails de ma vie dont j'ai perdu la mémoire est de n'avoir pas fait des journaux de mes voyages. Jamais je n'ai tant pensé, tant existé, tant vécu, tant été moi, si j'ose ainsi dire, que dans ceux que j'ai faits seul et à pied. La marche a quelque chose qui anime et avive mes idées ; je ne puis presque penser quand je reste en place ; il faut que mon corps soit en branle pour y mettre mon esprit. La vue de la campagne, la succession des aspects agréables, le grand air, le grand appétit, la bonne santé que je gagne en marchant, la liberté du cabaret, l'éloignement de tout ce qui me fait sentir ma dépendance, de tout ce qui me rappelle à ma situation, tout cela dégage mon âme, me donne une plus grande audace de penser, me jette en quelque sorte dans l'immensité des êtres pour les combiner, les choisir, me les approprier à mon gré, sans gêne et sans crainte. Je dispose en maître de la nature entière ;

mon cœur, errant d'objet en objet, s'unit, s'identifie à ceux qui le flattent, s'entoure d'images charmantes, s'enivre de sentiments délicieux. Si pour les fixer je m'amuse à les décrire en moi-même, quelle vigueur de pinceau, quelle fraîcheur de coloris, quelle énergie d'expression je leur donne ! On a, dit-on, trouvé de tout cela dans mes ouvrages, quoique écrits vers le déclin de mes ans. Oh ! si l'on eût vu ceux de ma première jeunesse, ceux que j'ai faits durant mes voyages, ceux que j'ai composés et que je n'ai jamais écrits... Pourquoi, direz-vous, ne les pas écrire ? Et pourquoi les écrire ? vous répondrai-je : pourquoi m'ôter le charme actuel de la jouissance, pour dire à d'autres que j'avais joui ? Que m'importaient des lecteurs, un public, et toute la terre, tandis que je planais dans le ciel ? D'ailleurs, portais-je avec moi du papier, des plumes ? Si j'avais pensé à tout cela, rien ne me serait venu. Je ne prévoyais pas que j'aurais des idées ; elles viennent quand il leur plaît, non quand il me plaît. Elles ne viennent point, ou elles viennent en foule, elles m'accablent de leur nombre et de leur force. Dix volumes par jour n'auraient pas suffi. Où prendre du temps pour les écrire ? En arrivant je ne songeais qu'à bien dîner. En partant je ne songeais qu'à bien marcher. Je sentais qu'un nouveau paradis m'attendait à la porte. Je ne songeais qu'à l'aller chercher.

Jamais je n'ai si bien senti tout cela que dans le retour dont je parle. En venant à Paris, je m'étais borné aux idées relatives à ce que j'y allais faire. Je m'étais élancé dans la carrière où j'allais entrer, et je l'avais parcourue avec assez de gloire : mais cette carrière n'était pas celle où mon cœur m'appelait et les êtres réels nuisaient aux êtres imaginaires. Le colonel Gaudard et son neveu figuraient mal avec un héros tel que moi. Grâce au Ciel, j'étais maintenant délivré de tous ces obstacles : je pouvais m'enfoncer à mon gré dans le pays des chimères, car il ne restait que cela devant moi. Aussi je m'y égarai si bien, que je perdis réellement plusieurs fois ma route ; et j'eusse été fort fâché d'aller plus droit, car, sentant qu'à Lyon j'allais me retrouver sur la terre, j'aurais voulu n'y jamais arriver.

Confessions, livre IV.

LA VIE AMBULANTE EST CELLE QU'IL ME FAUT

Je suis, en racontant mes voyages, comme j'étais en les faisant ; je ne saurais arriver. Le cœur me battait de joie en approchant de ma chère Maman, et je n'en allais pas plus vite. J'aime à marcher à mon aise, et m'arrête quand il me plaît. La vie ambulante est celle qu'il me faut. Faire route à pied par un beau temps, dans un beau pays, sans être pressé, et avoir pour terme de ma course un objet agréable : voilà de toutes les manières de vivre celle qui est la plus de mon goût. Au reste, on sait déjà ce que j'entends par un beau pays. Jamais pays de plaine, quelque beau qu'il fût, ne parut tel à mes yeux. Il me faut des torrents, des rochers, des sapins, des bois noirs, des montagnes, des chemins raboteux à monter et à descendre, des précipices à mes côtés qui me fassent bien peur. J'eus ce plaisir, et je le goûtai dans tout son charme en approchant de Chambéry. Non loin d'une montagne coupée qu'on appelle le Pas-de-l'Échelle, au-dessous du grand chemin taillé dans le roc, à l'endroit appelé Chailles, court et bouillonne dans des gouffres affreux une petite rivière qui paraît avoir mis à les creuser des milliers de siècles. On a bordé le chemin d'un parapet pour prévenir les malheurs : cela faisait que je pouvais contempler au fond et gagner des vertiges tout à mon aise, car ce qu'il y a de plaisant dans mon goût pour les lieux escarpés, est qu'ils me font tourner la tête, et j'aime beaucoup ce tournoiement, pourvu que je sois en sûreté. Bien appuyé sur le parapet, j'avançais le nez, et je restais là des heures entières, entrevoyant de temps en temps cette écume et cette eau bleue dont j'entendais le mugissement à travers les cris des corbeaux et des oiseaux de proie qui volaient de roche en roche et de broussaille en broussaille à cent toises au-dessous de moi. Dans les endroits où la pente était assez unie et la broussaille assez claire pour laisser passer des cailloux, j'en allais chercher au loin d'aussi gros que je les pouvais porter ; je les rassemblais sur le parapet en pile ; puis, les lançant l'un après l'autre, je me délectais à les voir rouler, bondir et voler en mille éclats, avant que d'atteindre le fond du précipice.

Confessions, livre IV.

POUR MÉDITER À MON AISE CE GRAND SUJET...

[…] Ce fut, je pense, en cette année 1753, que parut le programme de l'Académie de Dijon sur l'*Origine de l'inégalité parmi les hommes*. Frappé de cette grande question, je fus surpris que cette Académie eût osé la proposer ; mais, puisqu'elle avait eu ce courage, je pouvais bien avoir celui de la traiter et je l'entrepris.

Pour méditer à mon aise ce grand sujet, je fis à Saint-Germain un voyage de sept ou huit jours, avec Thérèse, notre hôtesse, qui était une bonne femme, et une de ses amies. Je compte cette promenade pour une des plus agréables de ma vie. Il faisait très beau ; ces bonnes femmes se chargèrent des soins et de la dépense ; Thérèse s'amusait avec elles ; et moi, sans souci de rien, je venais m'égayer sans gêne aux heures des repas. Tout le reste du jour, enfoncé dans la forêt, j'y cherchais, j'y trouvais l'image des premiers temps, dont je traçais fièrement l'histoire ; je faisais main basse sur les petits mensonges des hommes ; j'osais dévoiler à nu leur nature, suivre le progrès du temps et des choses qui l'ont défigurée, et comparant l'homme de l'homme avec l'homme naturel, leur montrer dans son perfectionnement prétendu la véritable source de ses misères. Mon âme, exaltée par ces contemplations sublimes, s'élevait auprès de la Divinité, et voyant de là mes semblables suivre, dans l'aveugle route de leurs préjugés, celle de leurs erreurs, de leurs malheurs, de leurs crimes, je leur criais d'une faible voix qu'ils ne pouvaient entendre : « Insensés qui vous plaignez sans cesse de la nature, apprenez que tous vos maux vous viennent de vous. »

De ces méditations résulta le *Discours sur l'Inégalité*, ouvrage qui fut plus du goût de Diderot que tous mes autres écrits, et pour lequel ses conseils me furent les plus utiles[1], mais qui ne trouva dans toute l'Europe que peu de lecteurs qui l'entendissent, et aucun de ceux-là qui voulût en parler. Il avait été fait pour concourir au prix, je l'envoyai donc, mais sûr d'avance qu'il ne l'aurait pas, et sachant bien que ce n'est pas pour des pièces de cette étoffe que sont fondés les prix des académies.

---

1. Dans le temps que j'écrivais ceci, je n'avais encore aucun soupçon du grand complot de Diderot et de Grimm, sans quoi j'aurais aisément reconnu combien le premier abusait de ma confiance, pour donner à mes écrits ce ton dur et cet air noir qu'ils n'eurent plus quand il cessa de me diriger. Le morceau du philosophe qui s'argumente en se bouchant les oreilles pour s'endurcir aux plaintes d'un malheureux est de sa façon, et il m'en avait fourni d'autres plus forts encore, que je ne pus me résoudre à employer. mais attribuant cette humeur noire à celle que lui avait donnée le Donjon de Vincennes, et dont on retrouve dans son *Clairval* une assez forte dose, il ne me vint jamais à l'esprit d'y soupçonner la moindre méchanceté.

Cette promenade et cette occupation firent du bien à mon humeur et à ma santé. Il y avait déjà plusieurs années que, tourmenté de ma rétention, je m'étais livré tout à fait aux médecins, qui, sans alléger mon mal, avaient épuisé mes forces et détruit mon tempérament. Au retour de Saint-Germain, je me trouvai plus de forces et me sentis beaucoup mieux. Je suivis cette indication, et, résolu de guérir ou mourir sans médecins et sans remèdes, je leur dis adieu pour jamais, et je me mis à vivre au jour la journée, restant coi quand je ne pouvais aller, et marchant sitôt que j'en avais la force. Le train de Paris parmi les gens à prétentions était si peu de mon goût ; les cabales des gens de lettres, leurs honteuses querelles, leur peu de bonne foi dans leurs livres, leurs airs tranchants dans le monde m'étaient si odieux, si antipathiques ; je trouvais si peu de douceur, d'ouverture de cœur, de franchise dans le commerce même de mes amis, que, rebuté de cette vie tumultueuse, je commençais de soupirer ardemment après le séjour de la campagne, et ne voyant pas que mon métier me permît de m'y établir, j'y courais du moins passer les heures que j'avais de libres. Pendant plusieurs mois, d'abord après mon dîner, j'allais me promener seul au Bois de Boulogne, méditant des sujets d'ouvrages, et je ne revenais qu'à la nuit.

Confessions, livre VIII.

LA FORÊT COMME CABINET DE TRAVAIL

Ce fut le 9 avril 1756 que je quittai la ville pour n'y plus habiter ; car je ne compte pas pour habitation quelques courts séjours que j'ai faits depuis, tant à Paris qu'à Londres et dans d'autres villes, mais toujours de passage, ou toujours malgré moi. Mme d'Épinay vint nous prendre tous trois dans son carrosse ; son fermier vint charger mon petit bagage, et je fus installé dès le même jour. Je trouvai ma petite retraite arrangée et meublée simplement, mais proprement et même avec goût. La main qui avait donné ses soins à cet ameublement le rendait à mes yeux d'un prix inestimable, et je trouvais délicieux d'être l'hôte de mon amie, dans une maison de mon choix, qu'elle avait bâtie exprès pour moi.

Quoiqu'il fît froid, et qu'il y eût même encore de la neige, la terre commençait à végéter ; on voyait des violettes et des primevères ; les bourgeons des arbres commençaient à poindre, et la nuit même de mon arrivée fut marquée par le premier chant du rossignol, qui se fit entendre presque à ma fenêtre, dans un bois qui touchait la maison. Après un léger sommeil, oubliant à mon réveil ma transplantation, je me croyais encore dans la rue de Grenelle, quand tout à coup ce ramage me fit tressaillir, et je m'écriai dans mon transport : « Enfin tous mes vœux sont accomplis ! » Mon premier soin fut de me livrer à l'impression des objets champêtres dont j'étais entouré. Au lieu de commencer à m'arranger dans mon logement, je commençai par m'arranger pour mes promenades, et il n'y eut pas un sentier, pas un taillis, pas un bosquet, pas un réduit autour de ma demeure, que je n'eusse parcouru dès le lendemain. Plus j'examinais cette charmante retraite, plus je la sentais faite pour moi. Ce lieu solitaire plutôt que sauvage me transportait en idée au bout du monde. Il avait de ces beautés touchantes qu'on ne trouve guère auprès des villes ; et jamais, en s'y trouvant transporté tout d'un coup, on n'eût pu se croire à quatre lieues de Paris.

Après quelques jours livrés à mon délire champêtre, je songeai à ranger mes paperasses et à régler mes occupations. Je destinai, comme j'avais toujours fait, mes matinées à la copie, et mes après-dîners à la promenade, muni de mon petit livret blanc et de mon crayon : car n'ayant jamais pu écrire et penser à mon aise que *sub dio*, je n'étais pas tenté de changer de méthode, et je comptais bien que la forêt de Montmorency, qui était presque à ma porte, serait désormais mon cabinet de travail.

Confessions, livre IX.

Me voilà maître de moi pour le reste du jour !

Quels temps croiriez-vous, Monsieur, que je me rappelle le plus souvent et le plus volontiers dans mes rêves ? Ce ne sont point les plaisirs de ma jeunesse, ils furent trop rares, trop mêlés d'amertumes, et sont déjà trop loin de moi. Ce sont ceux de ma retraite, ce sont mes promenades solitaires, ce sont ces jours rapides mais délicieux que j'ai passés tout entiers avec moi seul, avec ma bonne et simple gouvernante, avec mon chien bien-aimé, ma vieille chatte, avec les oiseaux de la campagne et les biches de la forêt, avec la nature entière et son inconcevable auteur. En me levant avant le soleil pour aller voir, contempler son lever dans mon jardin, quand je voyais commencer une belle journée, mon premier souhait était que ni lettres ni visites n'en vinssent troubler le charme. Après avoir donné la matinée à divers soins que je remplissais tous avec plaisir parce que je pouvais les remettre à un autre temps, je me hâtais de dîner pour échapper aux importuns et me ménager un plus long après-midi. Avant une heure, même les jours les plus ardents, je partais par le grand soleil avec le fidèle Achate, pressant le pas dans la crainte que quelqu'un ne vînt s'emparer de moi avant que j'eusse pu m'esquiver ; mais quand une fois j'avais pu doubler un certain coin, avec quel battement de cœur, avec quel pétillement de joie je commençais à respirer en me sentant sauvé, en me disant : « Me voilà maître de moi pour le reste de ce jour ! » J'allais alors d'un pas plus tranquille chercher quelque lieu sauvage dans la forêt, quelque lieu désert où rien remontrant la main des hommes n'annonçât la servitude et la domination, quelque asile où je pusse croire avoir pénétré le premier et où nul tiers importun ne vînt s'interposer entre la nature et moi. C'était là qu'elle semblait déployer à mes yeux une magnificence toujours nouvelle. L'or des genêts et la pourpre des bruyères frappaient mes yeux d'un luxe qui touchait mon cœur, la majesté des arbres qui me couvraient de leur ombre, la délicatesse des arbustes qui m'environnaient, l'étonnante variété des herbes et des fleurs que je foulais sous mes pieds tenaient mon esprit dans une alternative continuelle d'observation et d'admiration : le concours de tant d'objets intéressants qui se disputaient mon attention, m'attirant sans cesse de l'un à l'autre, favorisait mon humeur rêveuse et paresseuse, et me faisait souvent redire en moi-même : « Non, Salomon dans toute sa gloire ne fut jamais vêtu comme l'un d'eux. »

Troisième lettre à M. de Malesherbes, 1762.

21.

Henry David Thoreau

*Henry David Thoreau constitue une figure capitale de la littérature et de la pensée américaines. Dans un texte court (1849), où il raconte son refus de payer ses impôts pour protester contre un État qui accepte l'esclavage et fait une guerre injuste au Mexique, il construit le concept de « désobéissance civile » (civil disobedience) que reprendra Gandhi. Marginal, opposé à une modernité dévastatrice, construisant sa maison de ses propres mains, Thoreau fait l'expérience pendant deux ans d'une existence autarcique au bord de l'étang de Walden. Il est l'auteur du premier manifeste philosophique sur la marche à pied (*Walking*, 1862).*

DE LA MARCHE

I

Je voudrais dire un mot de la Nature, de la Liberté absolue et de la Vie sauvage, par opposition avec une Liberté et une Culture simplement policées – afin de considérer l'homme comme un habitant ou bien une partie intégrante de la Nature, plutôt que comme un membre de la société. Je voudrais faire une déclaration extrême, si tant est que je puisse ainsi lui conférer quelque énergie, car il y a bien assez de champions de la civilisation : le pasteur, le comité scolaire et chacun d'entre vous s'en chargent.

Je n'ai rencontré qu'une ou deux personnes au cours de mon existence qui aient compris l'art de la Marche, à savoir celui d'aller se promener, qui aient le don, pour ainsi dire, du *sauntering*; ce terme qui est si joliment dérivé « de ces personnes désœuvrées qui vagabondaient de par le pays, au Moyen Âge, et demandaient la charité, sous le prétexte qu'elles se rendaient *à la Sainte Terre*[*] [1] » –, tant et si bien que les enfants s'exclamaient : « Voici un *sainte-terrer**[*]* », un *saunterer* – un pèlerin en partance pour la Terre Sainte. Ceux dont les errances ne les menaient jamais à la Terre Sainte, comme ils le prétendaient, ne sont à la vérité que de simples vagabonds oisifs, mais ceux qui s'y rendent sont des promeneurs au bon sens du terme, tel que je l'entends. D'aucuns, cependant, font dériver le mot de *sans terre**[*]* qui, partant, signifierait sans foyer particulier tout autant que partout chez soi. Car tel est le secret d'une promenade réussie. Celui qui demeure assis dans une maison tout le temps peut bien être le plus grand des chemineaux, mais l'authentique Promeneur n'est pas plus vagabond que la rivière sinueuse qui ne cesse de chercher opiniâtrement le plus court chemin jusqu'à la mer. Mais je préfère le premier sens du terme, qui est sans nul doute l'étymologie la plus probable. Car chaque marche est une sorte de croisade, prêchée par un Pierre l'Hermite qui sommeille en chacun de nous, pour aller reconquérir cette Terre Sainte qui est tombée aux mains des Infidèles.

C'est vrai, nous ne sommes que des croisés au cœur défaillant, même les marcheurs d'aujourd'hui, qui ne se

---

1. En français dans le texte, comme tous les passages en italique suivis d'un astérisque.

lancent jamais dans la moindre entreprise de longue haleine exigeant quelque persévérance. Nos expéditions ne sont que des périples qui nous ramènent le soir auprès de l'âtre d'où nous étions partis. La moitié de la promenade consiste à revenir sur nos pas. Nous devrions entreprendre chaque balade, sans doute, dans un esprit d'aventure éternelle, sans retour prêt à ne renvoyer que nos cœurs embaumés, comme des reliques de nos royaumes désolés. Si vous êtes prêts à abandonner père et mère, frère et sœur, femme, enfants et amis et à ne jamais les revoir ; si vous avez payé toutes vos dettes, rédigé votre testament, réglé toutes vos affaires et êtes un homme libre ; alors vous êtes prêt pour aller marcher.

Pour en revenir à ma propre expérience, mon compagnon et moi, car il m'arrive d'avoir parfois un compagnon, nous amusons à nous prendre pour des chevaliers d'un nouvel ordre, ou plutôt d'un ordre ancien – ni *Equestrians, Chevaliers*, Ritters* ou *Riders*, mais des Marcheurs, une classe encore plus ancienne et honorable, j'en suis sûr. Cet esprit chevaleresque et héroïque qui était autrefois l'apanage des cavaliers semble désormais résider, ou du moins avoir survécu, chez le Marcheur – non pas chez le Chevalier mais chez le Marcheur errant. Il constitue une sorte de quatrième état – en sus de l'Église, de l'État et du Peuple.

Nous avons tous eu le sentiment que nous étions presque seuls dans les parages à pratiquer ce noble art, bien que, à dire vrai, et pour peu qu'on puisse accorder quelque crédit à leurs déclarations, la plupart de mes concitoyens aimeraient volontiers marcher parfois, comme je le fais, mais ne le peuvent pas. Nulle richesse ne peut acheter le temps, la liberté et l'indépendance requis, qui sont essentiels à cette profession. Cela n'advient que par la grâce de Dieu. Une dérogation directe des cieux est indispensable pour devenir un marcheur. Il faut être né dans la famille des Marcheurs.

Ambulator nascitur, non fit. Certains de mes concitoyens, il est vrai, peuvent se rappeler certaines promenades qu'ils firent il y a dix ans, qu'ils m'ont décrites, au cours desquelles ils furent si heureux de se perdre une demi-heure dans les bois, mais je sais fort bien qu'ils ne se sont plus jamais écartés de la grand-route depuis lors, quoiqu'ils prétendent appartenir à cette classe très fermée. Nul doute qu'ils furent un instant exaltés par le souvenir d'un état antérieur de leur existence, quand ils étaient hôtes des forêts et hors-la-loi :

> Quand il arriva en la verte forêt,
> Par une belle matinée,
> Il entendit les notes légères
> Du chant des oiseaux.
>
> Il y a fort longtemps, se dit Robin,
> Que je suis venu ici,
> J'aime à m'allonger pour tirer
> Le cerf au pelage marron.

Je crois que je ne pourrais entretenir ma santé physique et intellectuelle si je ne passais pas au moins quatre heures par jour – et souvent davantage – à me balader dans les bois, par les collines et les champs, totalement libre de toute contingence matérielle. On peut dire en toute sécurité que ce sont là des pensées à un sou ou à mille livres. Quand il m'arrive de me rappeler que les artisans et les commerçants restent dans leurs boutiques non seulement toute la matinée, mais aussi tout l'après-midi, assis les jambes croisées, nombre d'entre eux – comme si les jambes étaient faites pour s'asseoir, et non pour se mettre debout et marcher –, je pense qu'ils ont bien du mérite de ne pas s'être suicidés depuis longtemps.

Moi qui ne puis rester dans ma chambre un seul jour sans me rouiller, quand je me mets en marche sur le coup de la onzième heure de la journée à quatre heures de l'après-midi, heure trop tardive pour racheter la journée, quand les ombres de la nuit commencent déjà à se mêler à la lumière du jour – j'ai le sentiment d'avoir commis quelque péché qu'il me faut expier, j'avoue être étonné par la capacité de l'endurance – sans parler de l'insensibilité morale de mes voisins qui se confinent dans leurs boutiques et leurs bureaux toute la journée pendant des semaines et des mois, qui, mis bout à bout, se chiffrent en années. J'ignore de quelle sorte d'étoffe ils sont faits pour rester assis à cet instant, à trois heures de l'après-midi, comme s'il était trois heures du matin. Bonaparte peut bien parler de courage à trois heures du matin, mais il n'est rien en comparaison de celui qui s'avère nécessaire pour rester assis d'humeur égale à cette heure de l'après-midi, avec soi pour seul vis-à-vis toute la matinée, pour obliger à sortir en l'affamant une garnison à laquelle vous êtes lié par tant de sympathie. Je m'étonne de ce qu'à ce moment de la journée, ou disons entre quatre et cinq heures de l'après-midi, trop tard pour les journaux du matin et trop tôt pour ceux du soir, on n'entende pas d'un bout à l'autre de la rue une explosion générale, disséminant aux quatre vents une légion de notions et de lubies vieillottes et domestiques – de sorte que le mal serait guéri de lui-même.

Comment les femmes, qui sont encore davantage confinées dans les maisons que les hommes, peuvent le supporter, je l'ignore ; mais je soupçonne fortement que nombre d'entre elles ne le *supportent* pas du tout. Quand, dans les tout premiers après-midi de l'été, nous secouons la poussière des villes sur nos habits – nous hâtant de passer devant ces maisons aux frontons purement doriques ou gothiques, dont émane une telle atmosphère de quiétude –, mon compagnon murmure que leurs habitants sont sans doute, à cette heure même, déjà allés se coucher ! Du coup, j'en viens à apprécier la beauté et la magnificence de l'architecture, qui jamais ne s'assoupit, mais reste éternellement droite et debout, sans cesser de veiller sur ceux qui dorment.

Nul doute que le tempérament, et au premier chef l'âge, y soit pour beaucoup. À mesure qu'un homme vieillit, sa capacité à rester assis immobile et à se livrer à des occupations d'intérieur s'accroît. Ses habitudes deviennent vespérales, à mesure que le soir de sa vie approche, jusqu'à ne plus sortir qu'au coucher du soleil et accomplir son content de marche en une demi-heure en tout et pour tout.

Mais la marche dont je parle n'est en rien apparentée à l'exercice physique, comme on dit, tout comme un malade prend des médicaments à heures fixes ou bien comme d'aucuns soulèvent des haltères ou des chaises ; mais elle est en soi l'entreprise et l'aventure de la journée. Si vous voulez faire de l'exercice, partez à la recherche des printemps de la vie. Pensez à un homme qui soulève des haltères pour sa santé, quand ces sources bouillonnent en de lointains pâturages dont il ne s'était pas mis en quête.

Qui plus est, il vous faut marcher comme un chameau dont on dit qu'il est le seul animal qui rumine en marchant. Quand un voyageur demanda à la domestique de Wordsworth de lui montrer le bureau du maître, elle lui répondit : « Voici sa bibliothèque, mais son bureau est en plein air. »

De vivre beaucoup dehors, au soleil et sous le vent, conférera sans nul doute une certaine rudesse de caractère – cela produira une cuticule plus épaisse sur certaines des plus belles qualités de notre nature, comme il advient sur le visage et les mains, ou bien comme un dur travail manuel prive les mains d'une part de la sensibilité de leur toucher. Partant, rester à la maison induira au contraire une douceur et un lissé, sans parler de la finesse de la peau, accompagnés d'une sensibilité accrue à certaines impressions. Sans doute serions-nous plus sensibles à certaines influences importantes pour notre croissance intellectuelle et morale, si le soleil avait brillé et le vent soufflé un peu moins sur nous ; et nul doute que ce n'est pas une mince affaire que de trouver la bonne proportion entre l'épaisseur et la finesse de la peau. M'est avis, cependant, que c'est une pellicule qui tombera assez vite, que le remède naturel se trouve dans ce que la nuit apporte au jour, l'hiver à l'été, la pensée à l'expérience. Il y aura d'autant plus d'air et de soleil dans nos pensées. Les paumes calleuses du travailleur s'y connaissent mieux dans les étoffes plus fines du respect de soi et de l'héroïsme dont le contact grise le cœur, que les doigts languissants des oisifs. Il n'y a que sensiblerie à rester couché toute la journée et se croire blanc, bien loin du hâle et des cals de l'expérience.

Quand nous marchons, nous allons naturellement dans les champs et les bois ; qu'adviendrait-il de nous si nous ne marchions que dans un jardin ou une rue ? Certaines sectes de philosophes ont même senti la nécessité d'amener les forêts à eux puisqu'ils ne s'y rendent jamais. « Ils plantèrent des bocages et des allées de Platanes » où ils s'adonnaient à des *subdiales ambulationes* sous des portiques en plein air. Bien sûr, il ne sert à rien de diriger nos pas vers les bois, s'ils ne nous y portent pas. Je suis inquiet quand, après avoir parcouru physiquement un mile dans les bois, je ne m'y trouve pas en esprit. Dans ma promenade de l'après-midi, j'oublie bien volontiers toutes mes occupations de la matinée et mes obligations vis-à-vis de la société. Mais il arrive parfois que je ne puisse me défaire aisément de la ville. La pensée de quelque travail occupera mon esprit, et je ne suis pas où se trouve mon corps ; je suis à l'extérieur de mes sens.

Au cours de mes balades, je retourne bien volontiers à mes sens. Qu'ai-je à faire dans les bois, si je pense à quelque chose qui se trouve hors d'eux ? Je me considère avec suspicion, et ne puis m'empêcher de frissonner, quand je me surprends à être complètement imbriqué dans ce que nous appelons de bonnes œuvres – car cela peut parfois m'arriver.

Mes alentours offrent force belles balades, et bien que j'aie marché presque chaque jour depuis tant d'années, et parfois plusieurs jours d'affilée, je ne les ai pas encore toutes épuisées. Une perspective absolument neuve est un grand bonheur, et je puis encore en dénicher n'importe quel jour. Deux ou trois heures de marche m'entraîneront dans une contrée étrange que je ne me serais pas attendu à voir. Une ferme isolée que je n'avais pas vue auparavant a parfois autant de valeur à mes yeux que les territoires du roi du Dahomey. Il y a en fait une sorte d'harmonie qui se peut découvrir entre les possibilités du paysage, à l'intérieur d'un cercle d'un rayon de dix miles, en d'autres termes les limites d'un après-midi de marche, et les quelque soixante-dix années d'une existence humaine. Cela ne vous deviendra jamais chose familière.

De nos jours, presque tous les prétendus progrès de l'homme, tels que la construction de maisons, l'abattage des forêts et des grands arbres, déforment tout simplement le paysage et le rendent de plus en plus insipide et domestiqué.

Je rêve d'un peuple qui commencerait par brûler les clôtures et laisser croître les forêts ! J'ai vu des clôtures à moitié consumées, leurs extrémités perdues en plein milieu de la prairie, et un avare matérialiste accompagné d'un géomètre veiller sur les bornes de son domaine ; les Cieux s'étaient déployés autour de lui, mais il ne voyait pas les anges aller de-ci de-là, et il cherchait l'emplacement d'un vieux poteau en plein milieu du paradis. J'ai regardé à nouveau et je l'ai vu au milieu d'un marais stygien bourbeux entouré de démons ; il avait trouvé ses bornes à n'en point douter, trois petites pierres où un pieu avait été fiché, et en regardant de plus près, je vis que le Prince des Ténèbres était son géomètre.

Je peux sans difficulté marcher dix, quinze, vingt miles ou plus, en partant de chez moi, sans passer devant la moindre maison, sans croiser de chemin sinon ceux qu'empruntent le renard et le vison. D'abord le long de la rivière, puis du ruisseau, et ensuite par la prairie et les bois. Il y a des étendues de plusieurs miles carrés dans les alentours qui sont totalement inhabitées. Depuis nombre de collines, je puis voir au loin la civilisation et les demeures des hommes. Les fermiers et leurs travaux sont à peine plus discernables que les marmottes et leurs terriers. L'homme et ses affaires, l'Église et l'État, l'école, le négoce et le commerce, l'industrie et l'agriculture – et même la politique, la pire de toutes – je suis ravi de voir le si peu d'espace qu'elles occupent dans le paysage. La politique n'est qu'un champ étroit, et cette grand-route encore plus étroite là-bas y mène. J'en indique parfois la direction au voyageur. Si vous voulez aller dans le monde politique, suivez la grand-route – suivez le commerçant, gardez à l'œil la poussière qu'il soulève et elle vous y emmènera tout droit –, car ce monde-là a lui aussi sa place bien précise et il n'occupe pas tout l'espace. Je passe devant comme devant un champ de haricots dans la forêt, et c'est oublié. Il me suffit d'une demi-heure pour atteindre un endroit sur la surface de la terre où nul homme ne vient d'un bout à l'autre de l'année et où, par conséquent, il n'est pas de politique, car elle est en tous points pareille à la fumée d'un cigare.

La ville est l'endroit où convergent les routes, une sorte d'expansion de la grand-route comme un lac l'est d'une rivière. C'est le corps dont les routes sont les bras et les jambes ; un endroit trivial ou quadrivial, la voie publique et ordinaire des voyageurs. Le mot vient du latin *villa* que, avec *via*, la voie, ou plus anciennement *ved* et *vella*, Varron fait dériver de *veho*, porter, parce que la *villa* est l'endroit vers lequel on apporte et d'où l'on rapporte les choses. Ceux qui gagnaient leur vie avec les attelages étaient dits *vellaturam facere*. D'où vient apparemment le mot latin *vilis* et le nôtre, vil, ainsi que *vilain*. Ce qui suggère de quelle sorte de dégénérescence les villageois sont susceptibles. Ils sont usés par la route qui passe par et sur eux, sans qu'eux-mêmes voyagent.

D'aucuns ne marchent pas du tout, d'autres marchent sur les grands chemins ; très peu marchent beaucoup. Les routes sont faites pour les chevaux et les hommes d'affaires. Je les emprunte très peu en comparaison, parce que je ne suis pas pressé de rejoindre une taverne, une épicerie, une écurie de louage ou un dépôt auxquels elles mènent. Je suis un bon cheval de voyage mais pas, de préférence, un cheval de peine. Le peintre paysagiste se sert de silhouettes humaines pour indiquer une route. Il ne pourrait pas le faire avec moi. Je marche dans une nature semblable à celle où marchèrent les anciens prophètes et poètes Manu, Moïse, Homère et Chaucer. Vous pouvez bien l'appeler Amérique, mais ce n'est pas l'Amérique Americus Vespucius pas davantage que Christophe Colomb ou les autres n'en furent le découvreur. On en trouve une description plus avérée dans la Mythologie que dans n'importe laquelle des soi-disant histoires de l'Amérique que j'ai lues.

[…]

II

Qu'est-ce qui fait qu'il est parfois difficile de déterminer dans quelle direction nous allons marcher ? Je crois qu'il y a un magnétisme subtil dans la Nature qui, si nous y cédons inconsciemment, nous indique la bonne direction. Il n'est pas indifférent pour nous de savoir quel chemin nous empruntons. Il y a un bon chemin, mais nous sommes très assujettis à l'insouciance et à la stupidité, et sommes enclins à emprunter le mauvais. Nous emprunterions volontiers ce chemin que nous n'avons encore jamais emprunté dans ce monde réel, qui soit parfaitement symbolique du chemin que nous aimons suivre dans le monde intérieur et idéal ; et parfois, pas de doute que nous trouvions difficile de choisir notre direction, parce qu'elle n'existe pas encore distinctement dans notre esprit.

Quand je sors de chez moi pour me promener, encore incertain quant à la direction où je porterai mes pas, et que je m'en remets à mon instinct pour qu'il décide à ma place, je constate, aussi étrange et fantasque que ça puisse paraître, que je finis par me diriger inévitablement vers le sud-ouest, vers un bois, une prairie, un pâturage à l'abandon ou une colline bien précis dans cette direction. Mon aiguille est lente à se stabiliser après avoir oscillé de quelques degrés, et ne pointe pas toujours directement vers le sud-ouest, c'est vrai, elle a toute autorité pour ces variations, mais elle se stabilise toujours entre l'ouest et le sud-sud-ouest. Le futur se trouve dans cette direction pour moi, et la terre semble plus inépuisée et plus riche de ce côté. Le contour qui délimiterait mes promenades ne serait pas un cercle, mais une parabole, ou plutôt comme une de ces orbites de comètes, dont on pense qu'elles sont des courbes ouvertes, dans ce cas, vers l'ouest, dans laquelle ma maison occupe la place du soleil. Je tourne en rond irrésolu, parfois pendant un quart d'heure, jusqu'à ce que je décide pour la centième fois de marcher vers l'ouest ou le sud-ouest. Je dois me forcer pour aller à l'est, mais à l'ouest je vais de mon plein gré. Nulle affaire ne m'y mène. Il m'est difficile de croire que je trouverai de beaux paysages ou une nature suffisamment sauvage et libre derrière l'horizon à l'est. Une promenade là-bas ne me remplit pas d'excitation, mais j'aime à croire que la forêt que je vois à l'horizon du côté ouest s'étend sans interruption vers le soleil levant, et qu'il n'y a ni villes ni villages assez importants pour me déranger. Laissez-moi vivre où je veux, de ce côté-ci il y a la ville, de celui-là la vie sauvage, et je suis de plus en plus enclin à abandonner la ville et à me retirer dans la nature sauvage. Je ne m'étendrais pas tant sur ce point si je n'étais pas convaincu que c'est la tendance qui prévaut chez mes concitoyens. Je dois marcher vers l'Oregon, et pas vers l'Europe. Et la nation avance en ce sens, et je puis dire que l'humanité progresse d'est en ouest. En l'espace de quelques années, nous avons été les témoins d'un phénomène de migration vers le sud-est, dans la colonie de l'Australie, mais cela a sur nous les conséquences d'un mouvement rétrograde et, à en juger par le caractère moral et physique de la première génération d'Australiens, ça ne s'est pas encore avéré être une expérience couronnée de succès. Les Tartares de l'Orient pensent qu'il n'y a rien à l'ouest au-delà du Tibet. « Le Monde se termine là, disent-ils, au-delà il n'y a qu'une mer sans rivages. » Ils vivent dans un Orient absolu.

Nous allons vers l'est pour appréhender l'Histoire et étudier les œuvres d'art et de littérature, en remontant les traces de la race – nous allons vers l'ouest comme vers le futur, avec un esprit d'entreprise et d'aventure.

L'Atlantique est pareil au Léthé, en le traversant, nous avons l'opportunité d'oublier l'ancien monde et ses institutions. Si nous ne réussissons pas cette fois, il restera peut-être encore une chance pour la race abandonnée avant qu'elle n'arrive sur les rives du Styx, et c'est le Léthé du Pacifique, qui est trois fois plus vaste.

J'ignore à quel point il peut être significatif, ou s'il s'agit d'une preuve de singularité, qu'un individu reproduise ainsi, dans sa promenade sans importance, le mouvement général de la race ; mais je sais que quelque chose qui s'apparente à l'instinct migratoire des oiseaux et des quadrupèdes – dont on sait, par exemple, qu'il affecte les groupes d'écureuils, les exhortant à un mystérieux mouvement général, dans lequel on les voit, dit-on, franchir les plus larges fleuves, chacun sur son esquif, la queue dressée pour servir de voile, et construire des ponts sur les cours d'eau plus étroits avec leurs morts –, que quelque chose comme la *fureur* qui gagne les troupeaux de vaches au printemps, et dont on rend responsable un ver qui se trouverait dans leur queue –, gagne à la fois les nations et les individus, soit continuellement, soit de temps à autre. Aucun vol d'oies sauvages ne caquète au-dessus de notre ville sans, dans une certaine mesure, affecter la valeur de l'immobilier ici, et si j'étais courtier je prendrais sans doute ce dérangement en compte :

> Combien de gens veulent se mettre en route,
> Pèlerins en quête de lieux étranges.

Chaque crépuscule dont je suis le témoin m'inspire le désir d'aller vers un ouest aussi lointain et beau que celui où le Soleil descend. Il semble migrer chaque jour vers l'ouest et nous inciter à le suivre. Il est le Grand Pionnier de l'Ouest que suivent les Nations. Nous rêvons toute la nuit de ces chaînes de montagnes à l'horizon, bien qu'elles puissent n'être que vapeur, qui ont reçu l'éclat de ses derniers rayons. L'île de l'Atlantide, les îles et les jardins des Hespérides, une sorte de paradis terrestre, semblent avoir constitué le Grand Ouest des anciens, nimbés de mystère et de poésie. Qui n'a pas vu en imagination, quand il scrute le ciel crépusculaire, les jardins des Hespérides et l'origine de toutes ces fables ?

[…]

L'Ouest dont je parle n'est rien qu'un synonyme du mot « sauvage », et ce que je me prépare à dire, c'est que dans la Vie sauvage repose la sauvegarde du monde. Chaque arbre envoie ses fibres à la recherche de la Vie sauvage. Les villes l'importent à prix d'or. Les hommes labourent et naviguent pour elle. Des forêts et de la vie sauvage, proviennent les toniques et les écorces qui revigorent le genre humain. Nos ancêtres étaient des sauvages. L'histoire de Romulus et Remus allaités par une louve n'est pas une fable dénuée de sens. Tous les fondateurs d'État qui ont atteint une position éminente ont puisé leur nourriture et leur vigueur d'une source sauvage semblable. C'est parce que les enfants de l'Empire ne furent pas allaités par la louve qu'ils furent vaincus et déportés par les enfants des forêts du Nord qui, eux, l'avaient été.

Je crois en la forêt, en la prairie et en la nuit où pousse le maïs. Nous exigeons une infusion de sapin-ciguë ou d'*Arbor vitæ* dans notre thé. Il y a une différence entre manger et boire pour y puiser de la force et la pure gloutonnerie. Les Hottentots dévorent avec avidité la moelle crue du koudou et d'autres antilopes, tout naturellement. Certains de nos Indiens du Nord mangent la moelle crue du renne polaire ainsi que d'autres parties, y compris la pointe des merrains aussi longue que souple. Et en cela, il est possible qu'ils aient devancé les maîtres-queux de Paris. Ils prennent ce qui sert d'ordinaire à alimenter le feu. C'est sans doute meilleur que le bœuf nourri en étable et le porc d'abattoir pour bâtir un homme. Donnez-moi une nature sauvage qu'aucune civilisation ne peut supporter de regarder, comme si nous vivions de la moelle des koudous dévorée crue.

Il y a des intervalles dans le champ mélodieux de la grive des bois, sur lesquels j'aimerais émigrer – terres sauvages que nul colon n'a conquises, auxquelles, me semble-t-il, je suis déjà acclimaté.

Le chasseur africain Gordon-Cumming nous raconte que la peau de l'élan, comme celle de la plupart des autres antilopes qui viennent d'être tuées, exhale un capiteux parfum d'arbres et d'herbe. J'aimerais que chaque homme soit une antilope sauvage, une partie intégrante de la Nature, que sa personne prévienne ainsi doucement nos sens de sa présence et nous rappelle ces endroits de la nature qu'il hante le plus. Je ne me sens aucune disposition à la satire quand le manteau du trappeur dégage l'odeur de l'ondatra ; ça m'est un parfum plus doux que celui qui s'exhale en général des habits du commerçant ou de l'érudit. Quand j'entre dans leurs garde-robes et que j'empoigne leurs vêtements, nulle plaine herbeuse, nulle prairie en fleurs qu'ils auraient fréquentées ne me reviennent à l'esprit, mais au lieu de cela rien que des échanges commerciaux et des bibliothèques.

Une peau tannée est quelque chose de plus respectable, et sans doute la couleur olive convient-elle davantage que le blanc à l'homme – un citoyen des bois. « Le pâle homme blanc ! » Je ne m'étonne pas de ce que l'Africain s'apitoie sur lui. Darwin le naturaliste dit : « Un homme blanc se baignant à côté d'un Tahitien ressemblait à une plante blanchie par l'art du jardinier comparée à une autre belle plante d'un vert foncé, poussant vigoureusement dans les champs au plein air. »

Ben Jonson s'exclame :

Comme ce qui est bon est proche de la beauté !

Je dirai de mon côté :

Comme ce qui est sauvage est proche de la beauté !

La vie s'accorde à la Vie sauvage. Le plus vivant est le plus sauvage. Pas encore soumise à l'homme, sa présence le revigore. Celui qui va sans cesse de l'avant et jamais ne se repose de son travail, qui croît vite et sollicite la vie sans relâche devrait toujours se trouver dans un nouveau pays ou une nouvelle nature sauvage, entouré par les matières premières de la vie. Il devrait grimper sur les troncs d'arbres abattus des forêts primitives.

L'espoir et le futur ne résident pas pour moi dans les pelouses et les champs cultivés, ni dans les villes et les villages, mais dans les marais impénétrables et mouvants. Quand, jadis, j'ai analysé mon intérêt pour telle ferme que j'avais envisagé d'acheter, je me suis souvent rendu compte que je n'étais attiré que par quelques perches carrées de tourbe imperméable et insondable, un bourbier naturel dans un coin de la propriété. Tel était le joyau qui m'éblouissait. Je tire davantage ma subsistance des marais qui entourent ma ville natale que des jardins cultivés dans le village. Il n'est pas de plus riche parterre à mes yeux que les denses lits de cassandre caliculée *(Cassandra calyculata)* qui recouvrent ces tendres endroits sur la surface de la terre. La botanique ne peut faire mieux que de me donner le nom des arbrisseaux qui poussent là : l'airelle élevée, l'andromède paniculée, la kalmie à mouton, l'azalée et la rhodora, toutes se dressant dans la sphaigne tremblotante. Je pense souvent que j'aimerais que ma maison donne sur cette masse de buissons rouge terne, en négligeant les autres parterres et les bordures fleuries, les épicéas transplantés et le buis au cordeau, même les allées recouvertes de gravier, pour avoir cette tache fertile sous mes fenêtres, non pas quelques brouettées de terre apportées là pour recouvrir le sable rejeté en creusant le cellier. Pourquoi ne pas installer ma maison, mon parloir, derrière cette tache plutôt que derrière ce maigre assemblage de curiosités, cette pauvre apologie de la Nature et de l'Art que j'appelle ma cour ? Elle témoigne de l'effort fait pour nettoyer et donner une apparence décente après le départ du charpentier et du maçon, bien que ce soit autant pour le passant que pour celui qui y demeure. La clôture d'une cour la plus raffinée qui soit n'a jamais été un agréable sujet d'étude pour moi ; les ornements les plus élaborés, les points en forme de gland, ou que sais-je encore, me lassent et me dégoûtent bientôt. Apportez vos seuils jusqu'au bord du marais (bien que ce ne soit pas l'endroit idéal pour un cellier sec), afin qu'il n'y ait pas d'accès de ce côté pour les citadins. Les cours ne sont pas faites pour qu'on y marche, mais, au mieux, pour qu'on les traverse, et on peut toujours entrer par-derrière.

Certes, vous pouvez penser que je suis pervers, mais si on me proposait d'habiter dans le voisinage du plus beau jardin que l'art humain ait conçu, ou dans celui d'un marécage lugubre, j'opterais certainement pour ce dernier. Que tous vos travaux, citadins, auraient été vains pour moi !

Mon âme s'élève infailliblement en proportion de la monotonie extérieure. Donnez-moi l'Océan, le désert ou la nature sauvage. Dans le désert, un air pur et la solitude compensent le manque d'humidité et de fertilité. Le voyageur Burton dit à son sujet : « Votre *moral* s'améliore, vous devenez franc et cordial, hospitalier et résolu... Dans le désert, les liqueurs spiritueuses n'inspirent que le dégoût. On éprouve un plaisir vif à mener une simple existence animale. » Ceux qui ont voyagé dans les steppes du Tartare disent : « Revenir aux terres cultivées, à l'agitation, la complexité et l'agitation de la civilisation nous oppressait et nous suffoquait ; l'air semblait nous manquer, et nous nous sentions à tout moment sur le point de mourir d'asphyxie. » Quand je veux me recréer, je cherche le bois le plus sombre, le plus épais et le plus interminable et, pour les citadins, le plus lugubre marécage. J'entre dans un marais comme en un lieu sacré – un *sanctum sanctorum*. Il y a la force – la moelle de la Nature. Les bois sauvages recouvrent l'humus vierge – et le même sol est bon pour les hommes et pour les arbres. La santé de l'homme a besoin d'autant d'acres de prairie que sa ferme nécessite de tas de fumier. Il y a les aliments roboratifs dont il se nourrit. Une ville est sauvée, non pas tant par les hommes vertueux qui l'habitent, que par les bois et les marais qui l'entourent. Une commune au-dessus de laquelle ondoie une forêt primitive, tandis qu'une autre forêt primitive se décompose en dessous, une telle ville est à même de donner non seulement du maïs mais aussi des poètes et des philosophes pour les générations futures. Dans ce type de sol, ont poussé Homère, Confucius et les autres ; et d'une nature sauvage semblable vient le réformateur qui se nourrissait de sauterelles et de miel sauvage.

De la marche, 1862.

BALADE D'HIVER

Nous dormons et finissons par nous éveiller à l'immobile et silencieuse réalité d'un matin d'hiver. La neige s'étend aussi duveteuse que du coton ou tombe sur l'appui de la fenêtre. Le large châssis et les carreaux givrés laissent passer une faible lueur tamisée, qui renforce l'ambiance douillette régnant à l'intérieur. Le calme et le silence du matin sont impressionnants. Le plancher craque sous nos pieds quand nous gagnons la fenêtre pour regarder au loin, par-delà l'étendue dégagée des champs. Nous voyons les toits crouler sous leur fardeau de neige. Aux gouttières et aux clôtures pendent des stalactites de neige, et dans la cour se dressent des stalagmites dissimulant ce qu'elles abritent en leur sein. Les arbres et les arbustes tendent des bras blancs vers le ciel dans toutes les directions. Et là où se trouvaient des murs et des clôtures, nous voyons se déployer des formes fantastiques et folâtres dans le paysage encore sombre, comme si la Nature avait, pendant la nuit, parsemé les champs de nouvelles ébauches susceptibles de servir de modèles à l'art humain.

Nous ouvrons la porte en silence, en prenant soin de laisser tomber le monceau de neige, et faisons quelques pas dehors pour affronter l'air cinglant. Les étoiles ont déjà perdu un peu de leur éclat, et une morne brume de plomb ourle l'horizon. Une blême lumière d'airain à l'est annonce l'approche du jour, tandis qu'à l'ouest le paysage a encore quelque chose d'indistinct et de spectral, noyé dans une sombre lumière tartaréenne, pareil au royaume des ombres. Les seuls bruits que l'on entend ont l'air de venir des Enfers – les coqs qui chantent, les chiens qui aboient, le bois qu'on coupe, les vaches qui meuglent, tous ces bruits semblent provenir de la basse-cour de Pluton et d'au-delà du Styx –, non pas qu'ils aient quelque chose de mélancolique, mais tout ce remue-ménage au crépuscule est trop solennel et mystérieux pour la terre. Les traces fraîches du renard ou de la loutre, dans la cour, nous rappellent que chaque heure de la nuit est le témoin d'une foule d'événements, que la nature vierge est encore à l'œuvre et qu'elle laisse des traces dans la neige. En ouvrant le portail, nous marchons d'un pas vif sur le chemin désolé à travers la campagne, en faisant craquer la neige sèche sous nos pieds, ou alors nous sommes arrêtés net par le bruit sourd d'un traîneau, devant la porte du fermier matinal chez lequel il a dormi tout l'été, en rêvant au milieu des copeaux et du chaume, qui s'apprête à partir pour le lointain marché. Et, à travers les monceaux de neige et les fenêtres saupoudrées de blanc, nous voyons la bougie du fermier allumée dès potron-minet, comme une étoile pâlotte, émettant un unique rayon, comme si une austère vertu y sonnait matines. Une à une, les fumées commencent à s'élever des cheminées au milieu des arbres et de la neige.

> La fumée monte en lourdes volutes d'un profond vallon,
> Explorant le ciel engourdi à l'aube,
> Et nouant lentement connaissance avec le jour ;
> Prenant tout son temps pour suivre son cours,
> Folâtrant au gré d'un entrelacs flâneur,
> Suivant un but aussi incertain, avec des gestes aussi lents
> Que son maître à moitié réveillé près de l'âtre,
> Dont l'esprit encore endormi et les pensées engourdies
> Ne se sont pas encore engouffrés dans le courant ascendant
>
> Du jour nouveau : la voici qui flotte au loin,
> Tandis que le bûcheron d'un pas résolu
> S'en va donner le tout premier coup de hache.
> Pour commencer, dans l'aube encore noire, il envoie
> Son éclaireur matinal, son émissaire, la fumée,
> Tout premier et tout dernier pèlerin du toit,
> Palper l'air glacé, informer le jour ;
> Et tandis qu'il est encore blotti près de l'âtre,
> Sans trouver le courage d'ouvrir la porte,
> Elle est redescendue dans le vallon au gré de la brise légère

Et sur la plaine, a déroulé sa guirlande aventureuse,
Drapé la cime des arbres, flânoché sur le morne
Et réchauffé les ailes de l'oiseau matinal ;
Et dans la matinée frisquette, peut-être a-t-elle
Aperçu le jour aux confins de la terre
Et salué l'œil de son maître devant sa porte basse,
Comme un nuage resplendissant tout en haut du ciel.

Nous entendons le bruit du bois que l'on coupe derrière les portes des paysans, de l'autre côté de la terre gelée, le chien qui aboie et, dans le lointain, le clairon du coq – bien que l'air raréfié et glacial ne laisse passer que les plus fines particules de bruit jusqu'à nos oreilles, en de subtiles et brèves vibrations, tout comme les ondes s'atténuent plus vite dans les liquides les plus purs et les plus légers, là où les substances grossières sombrent par le fond. Ils nous parviennent, aussi nets que le bruit des cloches, et de confins plus lointains encore, comme s'il y avait moins d'obstacles qu'en été pour les affaiblir et les interrompre. Le sol est sonore, comme du bois sec, même les bruits ruraux ordinaires sont mélodieux ; le tintement de la glace dans les arbres est harmonieux et liquide. Il y a très peu d'humidité dans l'air, tout étant sec ou gelé, et elle est si ténue et si élastique qu'elle devient une source de plaisir. Le ciel tendu et comme replié sur lui-même a une forme arc-boutée semblable à la nef d'une cathédrale, chatoyant de mille feux, comme si des cristaux de glace flottaient dans l'air. Ainsi que nous l'ont raconté ceux qui ont séjourné au Groenland, quand il gèle, « la mer fume comme une tourbe brûlante, et un brouillard ou une brume se forme, que l'on appelle frimas glacés », cette « fumée cinglante faisant souvent apparaître des cloques sur le visage et sur les mains, et se montrant très nocive pour la santé ». Mais ce froid pur et mordant est un véritable élixir pour les poumons ; ce n'est pas tant une bruine glaciale qu'une légère brume estivale cristallisée, raffinée et purifiée par le froid.

Le soleil finit par se lever au-dessus des bois à l'horizon, dans une sorte de bruit étouffé de cymbales qui résonnent, réchauffant l'air de ses rayons, et le matin avance à si grandes enjambées que ses rais dorent déjà les montagnes à l'ouest, dans le lointain. Pendant tout ce temps, nous marchons d'un bon pas dans la neige poudreuse, réchauffés par une chaleur intérieure et goûtant le silence d'un été indien, les sens et l'esprit en alerte. Sans doute que si nos vies obéissaient davantage à la nature, nous n'aurions pas besoin de nous défendre contre ses accès de chaud et froid, et nous trouverions en elle une nourrice et une amie, à l'instar des plantes et des quadrupèdes. Si nos corps se nourrissaient d'éléments purs et simples, au lieu de suivre un régime calorifique et stimulant, ils n'offriraient pas plus de pâture au froid qu'une branche effeuillée, mais se développeraient comme les arbres, pour qui l'hiver aussi est propice à la croissance.

La merveilleuse pureté de la nature en cette saison est quelque chose des plus agréables. Chaque souche pourrie, chaque pierre, chaque clôture recouvertes de mousse et les feuilles mortes de l'automne sont dissimulées sous un napperon immaculé de neige. Dans les champs dépouillés et les bois tintinnabulants, il faut voir quelle est la vertu qui survit. Dans les endroits les plus froids et les plus exposés au vent, la charité chaleureuse conserve encore un point d'appui. Un vent glacial et pénétrant chasse toute contagion, et ne peut y résister que ce qui abrite une vertu en soi. Par conséquent, nous devons respecter tout ce que nous rencontrons dans les endroits froids et exposés au vent, au sommet des montagnes, pour cette sorte de robuste innocence, de résistance puritaine. Tout le reste semble avoir été appelé à trouver refuge, et ce qui reste dehors doit faire partie du cadre originel de l'univers et être aussi vaillant que Dieu lui-même. Respirer l'air clarifié est tonifiant. Sa grande pureté et sa grande finesse sont visibles à l'œil nu, et c'est bien volontiers que nous resterions dehors longtemps, même tard, afin que les bourrasques puissent soupirer à travers nous aussi, comme à travers les arbres défeuillés, et nous préparer pour l'hiver – comme si nous espérions emprunter quelque vertu pure et constante, qui nous serait d'une grande utilité en toutes saisons.

Il y a un feu souterrain qui couve dans la nature et jamais ne s'éteint, et dont aucun froid ne peut venir à bout. Il finit par faire fondre la grande neige et, en janvier ou en juillet, il n'est enseveli que sous une couverture plus épaisse ou plus fine. Même pendant le jour le plus froid, il se diffuse quelque part, et la neige fond autour de chaque arbre. Ce champ de seigle hivernal, qui a germé sur le tard à la fin de l'automne et qui, à présent, dissout rapidement la neige, se trouve à l'endroit où le feu n'est recouvert que d'une fine couche protectrice. Nous nous sentons réchauffés par lui. En hiver, la chaleur tient lieu de vertu, et nous nous précipitons en pensée vers un fin ruisselet, avec ses pierres nues qui brillent au soleil, et vers des sources chaudes dans les bois, avec autant d'ardeur que les lapins et les rouges-gorges. La vapeur qui s'élève des marécages et des mares nous est aussi précieuse et familière que celle qui émane de notre bouilloire. Quel feu pourrait jamais égaler le beau soleil d'un jour d'hiver, quand les campagnols sortent des anfractuosités du mur et que la mésange gazouille dans les défilés du bois ? La chaleur provient directement du soleil et n'est pas émise par la terre, comme en été. Quand nous sentons ses rayons sur notre dos alors que nous nous promenons dans un vallon enneigé, nous sommes aussi reconnaissants que si nous avions reçu un bienfait spécial et bénissons le soleil qui nous a suivis dans cet endroit reculé.

Ce feu souterrain a son autel dans chaque poitrine humaine. En effet, par le jour le plus froid et sur la colline la plus exposée, le voyageur nourrit dans les plis de son manteau un feu encore plus chaud que celui que l'on allume dans chaque foyer. Un homme sain est, de fait, le complément des saisons, si bien que, en hiver, l'été est dans son cœur. Là est le sud. C'est là-bas qu'ont migré tous les oiseaux et les insectes et, autour de ses sources chaudes, dans son sein, se rassemblent le rouge-gorge et l'alouette.

Balade d'hiver, 1888.

22.

Friedrich Nietzsche

Assez tôt, Nietzsche est forcé de s'arrêter de travailler et de cesser ses cours à l'université de Bâle, à cause de souffrances terribles qui l'empêchent de vivre normalement. À partir de trente-cinq ans, il mène une existence de nomade. Recherchant la fraîcheur l'été dans les montagnes suisses, et la chaleur l'hiver dans les villes du Sud de l'Europe, Nietzsche passe sa vie de pension en pension. Il sort le jour, pour de grandes promenades pendant lesquelles il remplit de petits cahiers qu'il recopie le soir. Marcher, c'était pour lui davantage qu'une hygiène : son salut éthique.

ÉCHELLE DES VOYAGEURS

Parmi les voyageurs, on distinguera cinq degrés : ceux du premier degré, le plus bas, sont les gens qui voyagent et *sont* vus ce faisant, – ils sont proprement menés en voyage, comme aveugles ; les suivants voient réellement le monde eux-mêmes ; les troisièmes tirent de leur vision quelque expérience vécue ; les quatrièmes assimilent le vécu de façon vivante et l'emportent avec eux ; enfin, il y a quelques personnes d'énergie supérieure qui doivent nécessairement, après l'avoir vécu et assimilé, revivre pour finir tout ce qu'elles ont vu en le projetant au-dehors, en actes et en œuvres, dès qu'elles sont revenues chez elles. – Tels ces cinq genres de voyageurs, tous les hommes parcourent l'itinéraire entier de la vie, les plus bas en êtres purement passifs, les plus élevés en personnes agissantes, qui expriment la totalité de leur vie sans le moindre reliquat d'énergie intérieure inutilisée.

Humain, trop humain,
« Opinions et sentences mêlées », 1879.

Le dire deux fois

Il est bon d'énoncer aussitôt une chose deux fois et de la doter ainsi d'un pied droit et d'un pied gauche. Sans doute, la vérité peut se tenir debout sur une jambe ; mais avec deux, elle marchera et fera son chemin.

Humain, trop humain,
« Le voyageur et son ombre », 1880.

La nature notre double

Dans bien des sites naturels, nous nous redécouvrons nous-mêmes, avec un agréable frisson ; c'est le plus beau cas de double qui soit. – Qu'il doit pouvoir être heureux, celui qui a ce sentiment juste ici, dans cette atmosphère d'octobre constamment ensoleillée, ces jeux de la brise, espiègles, heureux, du matin jusqu'au soir, dans cette clarté si pure et cette fraîcheur si tempérée, la grâce sévère de ces collines, de ces lacs, de ces forêts, qui fait le caractère de ce haut plateau allongé sans crainte au flanc épouvantable des neiges éternelles, ici où l'Italie et la Finlande ont conclu alliance et où semble être le berceau de tous les tons argentés de la nature, – heureux celui qui peut dire : « Il y a sûrement des aspects beaucoup plus grands et plus beaux de la nature, mais *celui-ci* m'est intime et familier, il est de mon sang, et plus encore. »

Humain, trop humain,
« Le voyageur et son ombre », 1880.

LE VOYAGEUR

Il était minuit quand Zarathoustra se mit en route pour franchir la crête de l'île afin d'arriver dès le point du jour sur l'autre rive ; car c'est là qu'il voulait s'embarquer. On y trouvait, en effet, une bonne rade où des navires étrangers aimaient à jeter l'ancre ; ils prenaient à leur bord ceux qui voulaient quitter les îles Fortunées et passer la mer. Chemin faisant, tout en gravissant la montagne, Zarathoustra songeait aux nombreuses courses solitaires qu'il avait faites dès sa jeunesse, à tous les monts, les crêtes et les cimes qu'il avait déjà escaladés.

« Je suis un voyageur, un grimpeur de montagnes, se disait-il en son cœur, je n'aime point les plaines et il semble que je ne puisse longtemps me fixer. Et quels que doivent être encore mes destins et mes aventures, ils impliqueront un voyage ou une ascension de montagne ; on ne répète jamais que sa propre expérience.

Le temps n'est plus où je pouvais encore être en butte au hasard ; quel lot *pourrait* m'échoir encore qui ne soit déjà mien ?

Ce qui revient à moi, ce qui retrouve en moi sa patrie, c'est mon propre Moi, et la part de ce Moi qui avait longtemps séjourné en terre étrangère, dispersée parmi les hasards et les choses.

Et je sais encore ceci : j'ai à présent devant moi ma cime suprême et ce qui m'a été le plus longtemps épargné.

Hélas ! Il me reste à monter la route la plus âpre. Hélas ! j'ai commencé mon ascension la plus solitaire. Mais quand on est de mon espèce, on ne peut échapper à une heure semblable, celle qui nous dit : À présent tu vas enfin te mettre en route vers la grandeur. La cime et l'abîme se confondent à présent en une même résolution.

Tu es en marche vers ta grandeur ; ton suprême refuge, c'est maintenant ce qui fut jusqu'à ce jour ton suprême péril.

Tu suis le chemin de ta grandeur ; ton meilleur courage sera que derrière toi il n'y a plus de route.

Tu suis le chemin de ta grandeur. Et que nul ne s'y traîne à ta suite ! Derrière toi tes pas ont effacé leur piste, au-dessus de cette route est écrit le mot : « Impossible ».

Et si toutes les échelles te manquent désormais, tu apprendras à monter sur ta propre tête ; comment voudrais-tu faire autrement ?

Sur ta propre tête, foulant aux pieds ton propre cœur. Il faut à présent que tout ce qu'il y a de tendresse en toi s'endurcisse à l'extrême.

Quand on s'est toujours beaucoup ménagé, on finit par tomber malade à force de ménagements. Loué soit ce qui endurcit ! Je ne louerai pas, quant à moi, le pays où beurre et miel – coulent.

Apprendre à *détacher* de soi son regard, c'est *indispensable* à qui veut beaucoup embrasser du regard ; c'est la dureté nécessaire à tout grimpeur de montagnes.

Mais celui qui quête la Connaissance avec des yeux trop avides, que peut-il voir des choses au-delà de leurs premiers plans ?

Pour toi, Zarathoustra, tu as voulu voir le fond et l'arrière-fond de toute chose ; il faut donc que tu t'élèves plus haut que toi-même – plus avant, plus haut, jusqu'à voir *au-dessous* de toi-même tes propres étoiles. »

Oui, dominer du regard moi-même et mes propres étoiles, voilà ce que j'appellerai ma *cime*, voilà ce qui m'est encore réservé, voilà ma cime *dernière*.

Ainsi Zarathoustra se parlait à lui-même tout en gravissant la montagne, en consolant son cœur par des maximes dures ; car il avait le cœur plus endolori que jamais. Et parvenu sur la crête, il vit s'étaler sous ses yeux la seconde mer ; et il demeura longtemps en silence. Mais la nuit sur cette hauteur était froide et claire d'étoiles.

Ainsi parlait Zarathoustra, 1885.

Une pensée née en plein air

Encore quelques indications tirées de ma morale. Un repas copieux est plus digeste qu'un repas trop léger. Que l'estomac entre tout entier en activité, première condition d'une bonne digestion. On doit *connaître* la dimension de son estomac. La même raison amène à déconseiller ces interminables repas que j'appelle sacrifices avec pauses, ceux de la *table d'hôte** [1]. Pas de collations entre les repas, pas de *café** : le *café** assombrit. Le *thé* n'est salutaire que le matin. En petite quantité, mais bien fort ; le thé est très nocif et indispose toute la journée quand il est trop faible ne serait-ce que d'un degré. À chacun sa dose en l'occurrence, souvent entre les plus étroites et délicates limites. Dans un climat très excitant, le thé est à déconseiller pour commencer : il faut une heure auparavant commencer par une tasse de cacao dégraissé épais. – *Rester assis* le moins possible ; n'accorder foi à aucune pensée qui ne soit née en

---

1. En français dans le texte, comme tous les passages en italique suivis d'un astérisque.

plein air et en prenant librement du mouvement, – où les muscles ne fassent également la fête. Tous les préjugés viennent des tripes. – Le cul-de-plomb – je l'ai déjà dit – c'est le véritable *péché* contre l'Esprit saint.

Ecce homo, 1908.

6 000 PIEDS AU-DELÀ DE L'HOMME ET DU TEMPS

Je vais maintenant raconter l'histoire du *Zarathoustra*. La conception fondamentale de l'œuvre, *la pensée de l'éternel retour*, cette formule suprême de l'affirmation la plus haute qui puisse être atteinte, remonte au mois d'août de l'année 1881 : cette pensée a été jetée sur une feuille avec cette suscription : « à 6 000 pieds au-delà de l'homme et du temps ». Ce jour-là, je marchais dans la forêt au bord du lac de Silvaplana ; près d'un puissant bloc dressé comme une pyramide non loin de Surlei, je fis halte. C'est là que me vint cette pensée. Si, de ce jour, je remonte quelques mois en arrière, je trouve comme signe précurseur une modification soudaine et, en profondeur, décisive de mon goût, surtout en musique. On pourrait peut-être classer tout le *Zarathoustra* dans la musique ; – il supposait à coup sûr une renaissance de l'art d'écouter. Dans une petite station thermale de montagne non loin de Vicenza, Recoaro, où je passai le printemps de 1881, je fis la découverte, avec mon maestro et ami Peter Gast, lui aussi « né de nouveau », que le phénix de la musique passait au-dessus de nous paré d'un plumage plus léger et plus lumineux que jamais. Si, au contraire, je me projette de ce moment vers l'avenir jusqu'à l'accouchement qui intervint soudainement et dans des conditions tout à fait invraisemblables en février 1883 – la partie terminale, celle dont j'ai cité quelques phrases dans la *Préface*, fut achevée exactement à l'heure sainte où Richard Wagner mourait à Venise – cela donne dix-huit mois de grossesse. Justement, ce chiffre de dix-huit mois pourrait laisser penser, au moins chez les bouddhistes, que je suis au fond un éléphant femelle. – Dans cet intervalle se situe la « *gaya scienza* », qui contient cent signes de l'approche de quelque chose d'incomparable ; finalement elle donne même le début du *Zarathoustra*, elle donne dans l'avant-dernier morceau du quatrième livre la pensée fondamentale du *Zarathoustra*. – Dans cette période intermédiaire se situe également l'*Hymne à la Vie* (pour chœur mixte et orchestre), dont la partition a été publiée il y a deux ans chez E.W. Fritsch à Leipzig : voilà un symptôme non négligeable de mon état cette année-là, où le sentiment *affirmatif par excellence**, que j'ai appelé le sentiment tragique, m'habitait au plus haut degré. On le chantera un jour, plus tard, à ma mémoire. – Le texte, il faut le signaler expressément, parce qu'il court un malentendu à ce sujet, n'est pas de moi : il est l'étonnante inspiration d'une jeune Russe, avec qui j'étais alors lié d'amitié, mademoiselle Lou von Salomé. Qui saura trouver un sens aux derniers mots du poème devinera pourquoi je lui ai accordé ma prédilection et mon admiration : ils possèdent de la grandeur. La souffrance n'est *pas* un argument contre la vie : « Si tu n'as plus de bonheur à me donner, eh bien ! *tu as encore ta douleur…* » Peut-être ma musique a-t-elle, elle aussi, de la grandeur à cet endroit. (Dernière note du hautbois : *do* dièse et non *do*, faute d'impression.) – L'hiver suivant, je vécus dans la charmante et calme baie de Rapallo près de Gênes, qui se découpe entre Chiavari et le promontoire de Porto Fino. Ma santé n'était pas excellente ; l'hiver était froid et excessivement pluvieux ; un petit *albergo* situé juste au bord de la mer, de sorte que la mer à marée haute rendait le sommeil impossible, offrait à peu près en tout le contraire de ce qui était souhaitable. Malgré cela, et presque comme preuve de ma thèse qui veut que tout ce qui est décisif advienne « malgré » quelque chose, ce fut cet hiver-là et ces conditions défavorables qui virent naître mon *Zarathoustra*. – Le matin, je montais vers le sud par la route magnifique qui conduit à Zoagli, le long des pins et dominant du regard très loin la mer ; l'après-midi, je faisais le tour de la baie de San Margherita jusqu'à Porto Fino par-derrière. Ce lieu, ce paysage s'est encore davantage rapproché de mon cœur grâce au grand amour que lui voua l'empereur Frédéric III ; je me retrouvais par hasard sur cette côte à l'automne 1886 quand il rendit pour la dernière fois visite à ce petit univers de bonheur oublié. – C'est sur ces deux chemins que m'est venue toute la première partie du *Zarathoustra*, surtout Zarathoustra lui-même comme type : plus exactement, il m'est *tombé dessus*...

Ecce homo, 1908.

VI.
PÈLERINAGES

23.

Alphonse Dupront

Alphonse Dupront (1905-1990) est un historien reconnu, spécialiste du Moyen Âge. Il a notamment écrit de grands livres sur l'aventure des croisades. Sa conception de l'histoire est large : il s'agit, au-delà de l'établissement des dates et des faits, de comprendre l'homme. Ces livres participent donc tout autant de l'histoire que de la psychologie collective ou d'une anthropologie de l'imaginaire. Le pèlerinage, pratique sociale répandue au Moyen Âge, recelait une dimension sacrée et magique, en même temps qu'elle révélait une part essentielle de la condition humaine.

L'ALLER PÈLERIN

Aller, c'est la pulsion première de la geste pèlerine, dans une tension qui n'implique pas consciemment le retour, même si celui-ci demeure implicite et prévu avant l'aventure entreprise. Ce qui donne au pèlerinage, dans la conscience collective, la gravité et la solennité d'un départ. En ce sens qu'au commencement, ainsi que dit le mot, il y a détachement, éloignement, physiquement et mentalement rupture d'avec l'habituel, le quotidien, le « lieu » de l'expérience ordinaire, lieu simplement profane celui-là : ce que les clercs chroniqueurs de la croisade appelaient la « terre de la naissance » pour l'opposer à l'objet eschatologique du départ insensé et nécessaire, la « terre de la promesse ». Un départ pour gagner un « ailleurs » qui rende « autre » ; nullement un départ pour l'errance ou pour l'on ne sait quelle aventure : le pèlerinage en effet se vit du terme, mais c'est dans le choix de partir pour l'atteindre que s'amorce le processus de sacralisation qui consacre la geste pèlerine. Le départ aux chemins pèlerins est en effet acte libre : les dispositions coraniques l'éclairent admirablement, qui stipulent, pour l'accomplissement de ce pèlerinage d'obligation qu'est le *hajj* à La Mecque, les règles d'une triple liberté : celle de soi, qui est de posséder un esprit sain et d'être libre de son corps, ce que ne peut l'esclave : celle de la réalisation de l'entreprise, par la possession des moyens matériels nécessaires et l'assurance prise de la sécurité des chemins, celle enfin que donne une observance rigoureuse des devoirs acquis envers ceux qui restent, moyens de subsistance assurés pour la famille et départ sans laisser de dettes. Ces règles imposent un état neuf, que traduisent naturellement des signes extérieurs, comme ces pèlerins de Jérusalem que profile le prophète Jérémie (XLI, 5), « avec la barbe rasée, les vêtements déchirés et le corps marqué d'incisions ».

De ces signes, des siècles durant, dans l'Occident chrétien, le plus commun et le plus reconnaissable aussi sera le costume, avec les indispensables soutiens pour la route, bourdon, gourde, panetière, escarcelle et, pour ces grands pèlerinages de chrétienté que furent Rome et Compostelle, sur le rebord du large chapeau de plein vent, soit les clés de saint Pierre, soit la coquille du jacquaire. Aussi au commencement de la route interviendra longtemps une imposition du costume et des attributs pèlerins, ritualisation à la fois solennisante et précautionneuse de l'Église qui, par la consécration des signes, confirme et la liberté de la décision prise et la transformation désormais en cours de celui qui marche à un « ailleurs » sacral. C'est l'épreuve de l'espace qui fera le pèlerin. Sueurs ou exténuation physique, tourments du voyage en mer, épreuves du chemin où interviennent, avec les distances, fatigues et épuisements du corps et de l'âme, difficultés quotidiennes de gîte et de couvert, l'attitude défiante, hostile ou exploitante des milieux humains traversés : autant d'obstacles de fait, mais indispensables au pèlerin pour l'accomplissement de sa geste sacrale. Ou celui de sa pénitence.

Rien ne traduit mieux le prix de l'espace dans le pèlerinage que les pratiques parfaitement établies dans les pays du Nord en particulier, et ce jusqu'à l'entrée de l'époque moderne, de ces pèlerinages expiatoires infligés tant par les autorités civiles que celles de l'Église pour la purgation de délits ou de crimes : la distance du « lieu » sacral à atteindre était proportionnelle à l'importance de la faute commise. De même quand se développe la pratique, chez des testateurs inquiets de leur salut éternel, d'envoyer à leur place pour faire le pèlerinage lointain « un homme » – c'est l'expression même des textes –, les tarifs s'ajustent à la longueur de la route. Claire donc dans la conscience collective, jusque dans ces barèmes affinés, l'héroïcité du chemin pèlerin, et tout autre chose qu'une épreuve initiatique, mais bien une victoire sur cette réalité physique qu'est l'espace, normalement limitatrice de tout parcours humain et dans un illimité hostile, à la fois vertigineuse et anéantissante.

Cet espace, en bonne règle pèlerine, il faut le parcourir à pied. Typique, sous la plume du calviniste Rousseau, cette alliance comme de nature, quand il écrit, mémorisant ses longues marches sur les routes du val Travers : « Je revenais de même en pèlerin », c'est-à-dire à pied. Le pèlerin est, au cours des siècles, l'homme qui marche, dans le plein allant de son corps porté sur ses deux pieds.

Il n'est pas vérité plus sûre d'affrontement à l'espace : espace nu, corps debout, un pied devant l'autre – ces pieds que l'on retrouve entaillés sur les parois des temples égyptiens et qui reviennent en leitmotiv obsédant dans l'accomplissement du pèlerinage hiérosolymitain. Engagement du corps dressé dans son progrès courageux vers l'« ailleurs » sacral, cela pose un fondement thérapique au pèlerinage, ne serait-ce que par la poursuite victorieuse de cette marche jusqu'au terme. La règle est impérieuse et fortement tarifée dans les vieux textes bouddhiques : « Aller à pied, c'est obtenir un fruit quadruple. » Cela confirme surtout, dans cet espace à parcourir, la potentialité d'un espace sacral. Sacral par la tension d'accomplissement qu'il impose, et qui se vit d'une part dans la volonté d'arriver au terme fixé de la route, ce terme qui parce que « lieu saint » ou « sacré » transmue tout au long du chemin la vie de la route, et d'autre part dans une attente plus ou moins consciente de ce qui doit se produire au « lieu saint » et qui est mise en présence ou « rencontre ». Ainsi s'informe, de par la marche pèlerine, la contexture d'un *medium* sacral, par quoi de par sa geste des chemins, souvent par le seul fait de l'avoir entreprise, le pèlerin devient « autre ». Transmutation de l'homme, transmutation de l'espace.

Aussi dans la millénaire expérience de Santiago de Compostela le chemin s'inscrit-il comme part éminemment sacrale du pèlerinage, peut-être même, pour nous aujourd'hui, comme l'aspect le plus saisissant de cet « extraordinaire », qui est l'une des premières aperceptions du « sacré ». Sa vie, on la retrouve, encore poignante, dans ce texte du XIIIe siècle qu'est le *Guide du pèlerin de Saint-Jacques de Compostelle*. Deux traits de cet écrit charitable en disent long sur l'interminable route : d'une part localisation suffisamment précise des zones dangereuses à traverser, relativement nombreuses mais dont la plus chargée d'appréhension et d'angoisse demeure ces landes de Gascogne, désert d'hommes et terre traîtresse où le sol se dérobe sous les pieds du pèlerin ; la recharge sacrale manifestement nécessaire d'autre part, avec l'indication des lieux saints que le pèlerin doit visiter sur sa route, autant d'étapes de sa sacralisation en marche. Chronique de la passion des chemins, pareil document atteste de l'héroïcité vécue et à vivre de l'exploit pèlerin. Rien d'étonnant dès lors que sur ces chemins de Saint-Jacques ait flotté une atmosphère d'épique, reprise et transformée au gré de l'imaginaire social par les chansons de geste, ces dramatiques insignes, à la fois émerveillement et appel, voire, à travers la geste des grands, justice des humbles qui eux aussi ont affronté ou affronteront l'immense et purifiante aventure. Rien d'étonnant non plus dans la passion d'aujourd'hui, tenace et envoûtante, de retrouver les routes anciennes des grands pèlerinages, tout particulièrement celles de Compostelle : c'est, dans l'espace homogène, celui de notre temps, décompté au nombre de « bornes », la quête d'une trace d'une autre densité, cet effluve sacral que siècles et hommes ont à longueur de chemin exhalé, et qui ne saurait disparaître.

*Du sacré. Croisades et pèlerinages,
images et langages*, 1987.

24.

Lama Anagarika Govinda

Ernst Lothar Hoffman naît en Allemagne en 1898. Il découvre la spiritualité orientale dans les années 1920, en Italie. Converti au bouddhisme, il part pour le Sri Lanka, et bientôt choisit la voie tibétaine du bouddhisme. Après quoi, il mène une vie de pèlerin et d'ermite qui le conduit, de monastère en monastère, aux confins du Tibet. Il devient, par les conférences qu'il donnera dans les années 1960, un grand initiateur, pour l'Occident, au bouddhisme tibétain.

La dernière épreuve

Après avoir cheminé péniblement pendant de nombreuses semaines, sinon des mois entiers, à travers des vallées étroites, des gorges et des montagnes couvertes de nuages, le pèlerin a peine à croire au spectacle qui s'offre à lui. À ses pieds s'étale, sur des kilomètres et des kilomètres, une vaste étendue d'eau, entourée de plaines verdoyantes et de petites collines aux pentes douces ; dans le lointain, des pics couverts de neige se dressent sous un ciel clair et ensoleillé. Une joie inexprimable l'envahit et il reprend son chemin après s'être désaltéré à plusieurs reprises dans les eaux sacrées du Manasarovar, qui semblent un nectar pour son esprit aussi bien que pour son corps.

À l'abri des collines, la chaleur du soleil, inattendue à 4 500 mètres d'altitude, se fait sentir presque aussi forte qu'en été. À l'ombre, par contre, l'air frais et piquant rappelle au voyageur où il se trouve et l'avertit qu'une tempête de neige ou de grêle venant du sud, déferlant des parois de glace de l'Himalaya, peut éclater à l'improviste.

L'approche d'une tempête constitue néanmoins un spectacle d'une telle magnificence que les ennuis passagers qu'elle peut causer au pèlerin ne sauraient l'empêcher d'admirer la beauté majestueuse des éléments déchaînés. Le paysage et ses couleurs se transforment d'une façon si soudaine et surprenante qu'on dirait de la magie.

L'air pur et raréfié de ces altitudes accentue fortement les contrastes entre les couleurs ; les distances disparaissent, l'espace se télescope, et en même temps augmente d'intensité.

Une chaîne de montagnes situées à plus de 30 kilomètres se colore soudain de bleu indigo et semble avancer rapidement vers vous comme une énorme vague sombre qui ne serait pas à plus de 8 kilomètres. Les eaux d'un bleu d'outremer du Manasarovar prennent, au centre, une teinte pourpre et deviennent vert bouteille près des rives. L'ombre des nuages glisse sur les eaux agitées, et bientôt le lac tout entier apparaît comme une immense opale où chaque couleur cherche à dominer les autres. Les nuages accumulés sur les pics neigeux donnent l'impression d'un amoncellement de montagnes au-dessus des nuages, car la forme et les contours des sommets se fondent dans l'obscurité tandis que les nuages se silhouettent nettement dans le ciel avec tout modelé.

Mais le pèlerin se sent irrésistiblement attiré vers le but ultime de son voyage, le Kailâsa mystérieux, le Joyau caché des Neiges. Son dôme n'est complètement visible et dégagé de nuages qu'à l'aube et au crépuscule, de sorte que, matin et soir, le pèlerin s'incline avec respect dans la direction de la montagne sainte en répétant ses *mantra* et en invoquant toutes les forces de lumière qui peuplent ce *mandala* cosmique.

Lorsqu'il traverse l'isthme qui sépare les deux lacs, il se retourne pour jeter un dernier regard sur le Manasarovar ensoleillé ; bientôt il atteint la rive septentrionale du Rakastal. Une atmosphère étrange, mystérieuse, enveloppe les eaux bleues et tranquilles de ce lac long et relativement étroit, une atmosphère d'austérité et de solitude absolues qu'il n'avait jamais rencontrée sur les rives du Manasarovar.

Un tel phénomène s'explique difficilement, car le paysage qui entoure le Rakastal est magnifique : des deux côtés, des collines aux douces pentes d'un brun roux, puis le massif imposant, couvert de neige, de Gurla Mandhata (la montagne Svastika) donnent au lac bleu foncé un cadre imposant et coloré. Néanmoins, un voile de tristesse pèse sur cette beauté, et le fait de ne pouvoir se l'expliquer confère à l'ensemble un aspect plus mystérieux encore. D'autres pèlerins ont probablement ressenti la même impression, et celle-ci a dû être si forte que nul n'a jamais osé construire de monastères ou d'ermitages comme il s'en trouve sur les rives du Manasarovar. Certaines énigmes doivent être dévoilées par l'homme, mais d'autres demandent à être perçues et non touchées, et leur secret doit être respecté. C'est le cas du Rakastal.

On a raconté et écrit bien des choses au sujet du Manasarovar, mais on ne sait pas grand-chose du Rakastal. Et pourtant, c'est le Rakastal qui recueille les eaux qui descendent directement du mont Kailâsa ; le Manasarovar et le Rakastal communiquent même entre eux, si bien que lorsque les eaux du Manasarovar (dont le niveau est de 15 mètres plus élevé) débordent, elles s'écoulent par un canal qui aboutit au Rakastal.

Lorsque cela se produit, on y voit un très bon augure et le présage de conditions meilleures dans le monde. Mais, symptôme étrange, cela ne s'est plus produit depuis de nombreuses années et le canal est presque complètement sec, ce qui permet au pèlerin de le traverser sans même se mouiller les pieds. Les Tibétains se préoccupent du reste de cet état de choses et redoutent la venue de temps difficiles dont l'insécurité croissante des temps actuels leur donne un avant-goût.

Le pèlerin doit maintenant traverser la vaste plaine entre les rives septentrionales du Rakastal et le pied du mont Kailâsa. Cette plaine spacieuse et verdoyante, simple et accueillante comme une prairie d'été, carrefour de plusieurs routes de caravanes venant de l'est, de l'ouest, du nord et du sud, constitue pour cette raison même le repaire favori des bandits et des tribus envahissantes de nomades venus des steppes du nord (Chang-Thang). De plus, des dizaines de rivières au cours rapide sillonnent la plaine parsemée de marécages traîtres où le pèlerin risque de s'enfoncer s'il essaie de prendre un raccourci pour éviter de tomber dans un guet-apens sur les routes des caravanes.

Le voyageur garde son esprit et ses yeux toujours fixés sur le Joyau étincelant des Neiges, maître souverain de tout le paysage qui se dresse maintenant devant lui. Il traverse à gué la dernière rivière, peu profonde. La plaine s'élève en pentes douces vers les vallonnements derrière lesquels disparaît le dôme du Kailâsa, tandis que l'on aperçoit les bâtiments rouges d'un monastère et les points blancs que forment les nombreuses tentes dressées autour de lui.

Feux de camp des pèlerins, marchands, mendiants et nomades accueillent le voyageur dans ce havre de paix.

Il éprouve une étrange sensation de se retrouver au milieu d'une société humaine et il est heureux de pouvoir renouveler ses maigres provisions. Mais son cœur demeure prisonnier des solitudes silencieuses du paradis perdu, sur les rives sanctifiées du Manasarovar et son esprit attend avec impatience d'être initié aux mystères de Kailâsa.

De nouveau il tressaille de la même joie qu'il avait connue la nuit avant de franchir le seuil du Pays des Dieux, au col de Gurla, mais en même temps il pressent que sa force et son endurance, aussi bien physiques que morales, vont être mises à dure épreuve au cours des jours à venir.

Aucun individu ne peut approcher du Trône des Dieux ou pénétrer dans le *mandala* de Shiva (ou Demchog, peu importe le nom qu'on donne au mystère de la réalité ultime) sans risquer la mort, ou même la folie. Celui qui accomplit le *parikrama*, le tour rituel de la montagne sainte, dans un esprit de dévotion et de concentration parfaites parcourt un cycle complet de vie et de mort. Pour s'approcher de la montagne, il a quitté les plaines dorées du sud, l'apogée de la vie, dans la vigueur et la pleine connaissance de la vie. Il pénètre dans la vallée rouge d'Amitâbha, à la lumière tamisée du soleil couchant, et franchit les portes de la mort entre les sombres vallées du septentrion et celles multicolores de l'orient pour monter au redoutable Dölma-La, le col de Târâ, la Rédemptrice ; il redescend alors, tel un nouveau-né, dans la vallée verdoyante d'Akshobhya, à l'est du Kailâsa, où le saint-poète Milarepa composa ses hymnes. De là, le pèlerin regagne les plaines étendues et ensoleillées du sud, consacrées au Dhyâni-bouddha Ratnasambhâva, dont la couleur est celle de l'or.

Le pèlerin qui a effectivement traversé les « sables d'or » du sud a l'impression de se déplacer ici sur un *mandala* géant, créé miraculeusement par la nature, où couleurs et formes s'adressent à lui dans le langage symbolique qui, depuis l'aube de l'humanité, transmet l'expérience de la méditation.

En s'engageant à l'ouest du Kailâsa, dans la vallée étroite, consacrée à Amitâbha, dont la couleur est le rouge, le pèlerin se trouve dans un canyon de roches rouges d'une telle structure architecturale qu'il croit avancer entre des rangées de temples gigantesques, ornés de corniches rocheuses, de piliers et de rebords sculptés. Bien au-dessus d'eux apparaît soudain le dôme de glace éblouissant du Kailâsa.

D'une forme remarquablement régulière, il semble avoir été sculpté dans un immense bloc de glace. À l'ouest, deux excavations profondes, pareilles aux orbites d'une tête de mort blanche parfaitement reproduite, contemplent mystérieusement le pèlerin, ils lui rappellent alors les aspects terribles de Shiva et de Demchog, tous deux parés de crânes humains, symbolisant la sagesse de *shûnyatâ*, la réalisation du néant et le caractère éphémère de tout phénomène.

Désireux de contempler cet aspect de la montagne sacrée, des moines bouddhistes et des ermites creusèrent, sur la paroi en face, un petit monastère accroché au rocher comme un nid d'hirondelles. Au point où la vallée bifurque vers le nord-est, un rocher s'élève à pic à des milliers de pieds au-dessus de la vallée : sa forme rappelle le taureau sacré Nandin, la tête dressée en direction du sommet du Kailâsa, comme pour regarder tendrement son maître.

Sur le versant nord de la montagne, la couleur des roches et la structure des vallonnements changent brusquement. Ils paraissent formés en grande partie d'un conglomérat de pierres foncées qui les distingue des rochers et des montagnes bordant la vallée rouge d'Amitâbha, dont ils n'ont pas l'architecture précise.

Pourtant, une particularité marquante compense cette imperfection : les vallonnements s'élargissent soudain pour découvrir au pèlerin le panorama complet du Kailâsa dans toute sa splendeur. La vision est écrasante. Selon les Écritures, à cet endroit, les initiés aux rituels et aux méditations des différents Tantras doivent accomplir leurs exercices de dévotion sur le grand *mandala* de la Bonté suprême.

Ils bénéficient alors non seulement du *darshan* de la montagne sainte dans la splendeur indescriptible d'un gigantesque temple à dôme, d'une symétrie parfaite et d'une splendeur stupéfiante, mais aussi de la vision splendide *(darshan)* de leur Ishta-devatâ, la divinité ou l'idéal de leur cœur, qu'il revête les formes divines de Shiva et Parvatî, ou de Bouddhas et Bodhisattvas, ou de tout autre symbole significatif en relation avec ce lieu et l'atmosphère où il plonge le pèlerin.

Parfois, des nuages orageux et des tourmentes de neige enveloppent la montagne sacrée et le pèlerin doit attendre plusieurs jours avant que la fureur des éléments ne s'apaise et que le voile de nuages tourbillonnants ne s'écarte. La montagne apparaît alors soudain dans toute sa pureté primitive, avec son sommet blanc éblouissant, ses cascades de glace bleu vert, ses ombres mauves et ses parois rocheuses d'un pourpre foncé – spectacle grandiose qui défie toute description.

Dans sa beauté éthérée, la montagne, si proche qu'on pourrait aller la toucher, et en même temps hors d'atteinte, ressemble à un temple céleste surmonté d'un dôme de cristal ou de diamant, au-delà du royaume de la matière. Pour l'adorateur, il est vrai, elle représente bien un temple céleste, le trône des Dieux, le siège et le centre des puissances cosmiques, l'axe et le moyen qui relie la terre à l'univers, l'antenne suprême qui dirige le flux et le reflux des énergies spirituelles sur notre planète.

Ce que le pèlerin peut voir à l'œil nu n'est que l'infrastructure et l'émanation d'une réalité bien supérieure qui va beaucoup plus loin. Pour le Tibétain, la montagne est peuplée et environnée de milliers de Bouddhas et de Bodhisattvas en méditation, rayonnant paix et béatitude, semant la lumière dans le cœur de ceux qui aspirent à se libérer des ténèbres de la cupidité, de la haine et de l'ignorance.

Les deux collines entre lesquelles apparaît Khang Rimpoché (Kailâsa) sont désignées sous les noms de Vajrapâni et Manjushrî : la première serait le siège de Celui qui brandit le Sceptre de Diamant (*vajra*, généralement traduit par le foudre) et qui combat les puissances de ténèbres et de dégénérescence, le diamant symbolisant l'indestructible ; la seconde est considérée comme le siège du Bodhisattva de l'érudition et de la sagesse active, qui tranche avec l'épée flamboyante de la connaissance des nœuds de l'ignorance et des préjugés.

À côté de Manjushrî se trouve la colline d'Avalokiteshvara, le Bodhisattva de la compassion, le patron du Tibet, tandis que près de la colline de Vajrapâni, sur le versant nord-est du Kailâsa, s'élève la colline de Dölma (Târâ) que l'on prétend née d'une larme d'Avalokiteshvara lorsque celui-ci pleurait sur les souffrances de ce monde. Vues du lieu principal consacré au culte, les deux collines apparaissent pareilles à des sentinelles (comme quatre pyramides) debout aux côtés du Kailâsa.

Tout émerveillé, le pèlerin quitte le lieu saint. Son être entier est plongé dans une sorte d'extase et en proie à une transformation, mais celle-ci ne peut s'accomplir pleinement tant qu'il ne s'est pas libéré de son propre ego. Il doit franchir les portes de la mort avant de s'engager, à l'est, dans la vallée d'Akshobhya, où il renaîtra pour commencer une vie nouvelle. C'est sa dernière épreuve.

Poursuivant son ascension vers le col élevé de Dölma, qui sépare les vallées septentrionale et orientale, il atteint l'emplacement d'où il peut voir le miroir du Roi de la Mort (Yama) dans lequel se réfléchissent toutes ses actions passées. Là, il s'étend entre de grandes roches, dans la position d'un mourant. Il ferme les yeux et affronte le jugement de Yama, le jugement de sa propre conscience dans la réminiscence de ses actes antérieurs. Il évoque en même temps tous ceux qu'il aimait et qui sont morts avant lui, ceux qui lui ont témoigné de l'amour et qu'il n'a pas su payer en retour ; il prie pour leur bonheur sans se préoccuper de leur forme nouvelle. En témoignage de ces pensées, il dépose en ce lieu sanctifié de petites reliques datant de leur séjour terrestre : un morceau de vêtement, une touffe de cheveux, une pincée de cendres du bûcher de crémation, ou n'importe quel objet qu'il avait conservé en vue de ce dernier culte à rendre aux défunts bien-aimés.

Après s'être ainsi réconcilié avec le passé et avoir franchi les portes de la mort, il passe le seuil de sa nouvelle vie sur le sol recouvert de neige de Dölma, la Mère de la Toute-Miséricorde. Et voilà qu'à ses pieds s'étend un lac du vert émeraude le plus pur, la couleur de Dölma ou Târâ, entouré de rochers et de neiges. Les Tibétains le nomment le lac de la Compassion, tandis que les Hindous l'appellent Gaurî-kund. Le pèlerin, né à une vie nouvelle, y reçoit son premier baptême.

Il a ainsi surmonté la dernière épreuve ; toutes les anxiétés et les difficultés sont vaincues. Bien des pèlerins meurent d'épuisement en essayant d'atteindre cette altitude effrayante de 5 800 mètres, où une tempête de neige peut geler un homme en quelques minutes et où il faut ménager son souffle comme s'il s'agissait d'un élixir de vie. Mais la mort n'effraie pas l'adorateur, qui abandonne son corps en la présence des Dieux sur le sol le plus sacré, au moment même où il connaît la plus grande exaltation de sa vie, et réalise ainsi sa plus haute aspiration.

Le Chemin des nuages blancs, trad. fr. 1969.

25.

Édith de La Héronnière

Édith de La Héronnière est un écrivain contemporain, poète et auteur de biographies remarquées (Teilhard de Chardin, Joë Bousquet). Dans sa Ballade des pèlerins *(voir aussi supra, p. 48), elle évoque, avec sensibilité et ironie, son expérience de pèlerinage à Compostelle, en partant de Vézelay avec trois compagnons nord-américains. Cette aventure l'amène à interroger, au-delà de sa propre histoire, la signification du pèlerinage.*

On n'est jamais sûr de son chemin

Des moulins à eau enjambent les ruisseaux qui serpentent dans les prés. L'herbe est très haute, verte et tendre sous les pas. Est-ce possible de changer si brutalement de monde ? Nous pénétrons en pays celtique. Le climat doux et humide fait un contraste étonnant avec la Castille dont on sort à peine. Landes, granit et murets de pierre rappellent la Bretagne, une autre fin des terres. J'aimerais m'enfouir et dormir dans cette herbe, y retrouver l'immobilité et la fraîcheur perdues. Mais il y a le Chemin. Tous les chemins.

Pierreux, pavés, boueux, cagneux, herbeux, caillouxteux, parfois si généreux que la rivière voisine y transplante son lit. Bordés d'aubépines ou d'une rangée de chênes, caressés de fougères, tapissés de bruyère, ombragés de châtaigniers ou de noisetiers. Chemins dits « de terre », anciennes voies romaines, sentiers de forêts, chemins de halage, chemins creux de Galice, pistes arides de Castille, chemins à travers les prairies, les bois, longeant une rivière ou suivant patiemment un canal, grimpant dans les montagnes ou descendant à pic au fond des gorges. Ils ont leurs noms : chemin du bois, chemin vieux, *camino galiego, camino francés, Via Agrippa, camin conquet.*

Compostelle les a sacralisés, si bien qu'à la fin le moyen l'a emporté sur la fin. Il a même donné son nom aux villages qui le bordent, comme le font les saints. Rome, tous les chemins y mènent, aucun n'importe donc. Jérusalem, les anciens paumiers l'atteignaient surtout par bateau. La Mecque, il n'est pas question d'y aller autrement qu'en avion. Compostelle existe avant tout par son *Camino* : la Voie lactée. La médiation porte en elle-même sa valeur.

Le chemin restera un secret que les guides et les manuels ne perceront jamais tout à fait car il est changeant. Si l'on s'y égare, c'est pour mieux s'y retrouver. On s'y perd intelligemment, c'est-à-dire que l'on a tout à gagner à s'y perdre. C'est alors qu'il vous emmène à la fête et vous introduit à des mondes que vous n'auriez jamais connus si vous étiez sûr de votre chemin. Mais on n'est jamais sûr de son chemin, et pourquoi le serait-on ?

La Ballade des pèlerins, 1993.

26.

Charles Péguy

Socialiste convaincu, d'abord dreyfusard et anticlérical, Charles Péguy est touché par la foi en 1907. Tout en demeurant préoccupé par la définition d'une politique humaniste, il va nourrir profondément sa poésie de cette expérience mystique. Il effectue plusieurs fois le pèlerinage à Chartres dans les années 1910. Il meurt au début de la Grande Guerre, en septembre 1914, près de Villeroy, à vingt-deux kilomètres de Paris, tué d'une balle en plein front.

Présentation de la Beauce à Notre-Dame de Chartres

Étoile de la mer voici la lourde nappe
Et la profonde houle et l'océan des blés
Et la mouvante écume et nos greniers comblés,
Voici votre regard sur cette immense chape

Et voici votre voix sur cette lourde plaine
Et nos amis absents et nos cœurs dépeuplés
Voici le long de nous nos poings désassemblés
Et notre lassitude et notre force pleine.

Étoile du matin, inaccessible reine,
Voici que nous marchons vers votre illustre cour,
Et voici le plateau de notre pauvre amour,
Et voici l'océan de notre immense peine.

Un sanglot rôde et court par-delà l'horizon.
À peine quelques toits font comme un archipel.
Du vieux clocher retombe une sorte d'appel.
L'épaisse église semble une basse maison.

Ainsi nous naviguons vers votre cathédrale.
De loin en loin surnage un chapelet de meules,
Rondes comme des tours, opulentes et seules
Comme un rang de châteaux sur la barque amirale.

Deux mille ans de labeur ont fait de cette terre
Un réservoir sans fin pour les âges nouveaux.
Mille ans de votre grâce ont fait de ces travaux
Un reposoir sans fin pour l'âme solitaire.

Vous nous voyez marcher sur cette route droite,
Tout poudreux, tout crottés, la pluie entre les dents.
Sur ce large éventail ouvert à tous les vents
La route nationale est notre porte étroite.

Nous allons devant nous, les mains le long des poches,
Sans aucun appareil, sans fatras, sans discours,
D'un pas toujours égal, sans hâte ni recours,
Des champs les plus présents vers les champs les plus
[proches.

Vous nous voyez marcher, nous sommes la piétaille.
Nous n'avançons jamais que d'un pas à la fois.
Mais vingt siècles de peuple et vingt siècles de rois,
Et toute leur séquelle et toute leur volaille

Et leurs chapeaux à plume avec leur valetaille
Ont appris ce que c'est que d'être familiers,
Et comme on peut marcher, les pieds dans ses souliers,
Vers un dernier carré le soir d'une bataille.

Nous sommes nés pour vous au bord de ce plateau,
Dans le recourbement de notre blonde Loire,
Et ce fleuve de sable et ce fleuve de gloire
N'est là que pour baiser votre auguste manteau.

Nous sommes nés au bord de ce vaste plateau,
Dans l'antique Orléans sévère et sérieuse,
Et la Loire coulante et souvent limoneuse
N'est là que pour laver les pieds de ce coteau.

Nous sommes nés au bord de votre plate Beauce
Et nous avons connu dès nos plus jeunes ans
Le portail de la ferme et les durs paysans
Et l'enclos dans le bourg et la bêche et la fosse.

Nous sommes nés au bord de votre Beauce plate
Et nous avons connu dès nos premiers regrets
Ce que peut receler de désespoirs secrets
Un soleil qui descend dans un ciel écarlate

Et qui se couche au ras d'un sol inévitable
Dur comme une justice, égal comme une barre,
Juste comme une loi, fermé comme une mare,
Ouvert comme un beau socle et plan comme une table.

Un homme de chez nous, de la glèbe féconde
A fait jaillir ici d'un seul enlèvement,
Et d'une seule source et d'un seul portement,
Vers votre assomption la flèche unique au monde.

Tour de David voici votre tour beauceronne.
C'est l'épi le plus dur qui soit jamais monté
Vers un ciel de clémence et de sérénité,
Et le plus beau fleuron dedans votre couronne.

Un homme de chez nous a fait ici jaillir,
Depuis le ras du sol jusqu'au pied de la croix,
Plus haut que tous les saints, plus haut que tous les rois,
La flèche irréprochable et qui ne peut faillir.

C'est la gerbe et le blé qui ne périra point,
Qui ne fanera point au soleil de septembre,
Qui ne gèlera point aux rigueurs de décembre,
C'est votre serviteur et c'est votre témoin.

C'est la tige et le blé qui ne pourrira pas,
Qui ne flétrira point aux ardeurs de l'été,
Qui ne moisira point dans un hiver gâté,
Qui ne transira point dans le commun trépas.

C'est la pierre sans tache et la pierre sans faute,
La plus haute oraison qu'on ait jamais portée,
La plus droite raison qu'on ait jamais jetée,
Et vers un ciel sans bord la ligne la plus haute.

Celle qui ne mourra le jour d'aucunes morts,
Le gage et le portrait de nos arrachements,
L'image et le tracé de nos redressements,
La laine et le fuseau des plus modestes sorts.

Nous arrivons vers vous du lointain Parisis.
Nous avons pour trois jours quitté notre boutique,
Et l'archéologie avec la sémantique,
Et la maigre Sorbonne et ses pauvres petits.

D'autres viendront vers vous du lointain Beauvaisis.
Nous avons pour trois jours laissé notre négoce,
Et la rumeur géante et la ville colosse,
D'autres viendront vers vous du lointain Cambrésis.

Nous arrivons vers vous de Paris capitale.
C'est là que nous avons notre gouvernement,
Et notre temps perdu dans le lanternement,
Et notre liberté décevante et totale.

Nous arrivons vers vous de l'autre Notre Dame,
De celle qui s'élève au cœur de la cité,
Dans sa royale robe et dans sa majesté,
Dans sa magnificence et sa justesse d'âme.

Comme vous commandez un océan d'épis,
Là-bas vous commandez un océan de têtes,
Et la moisson des deuils et la moisson des fêtes
Se couche chaque soir devant votre parvis.

Nous arrivons vers vous du noble Hurepoix.
C'est un commencement de Beauce à notre usage,
Des fermes et des champs taillés à votre image,
Mais coupés plus souvent par des rideaux de bois,

Et coupés plus souvent par de creuses vallées
Pour l'Yvette et la Bièvre et leurs accroissements,
Et leurs savants détours et leurs dégagements,
Et par les beaux châteaux et les longues allées.

D'autres viendront vers vous du noble Vermandois,
Et des vallonnements de bouleaux et de saules.
D'autres viendront vers vous des palais et des geôles.
Et du pays picard et du vert Vendômois.

Mais c'est toujours la France, ou petite ou plus grande,
Le pays des beaux blés et des encadrements,
Le pays de la grappe et des ruissellements,
Le pays de genêts, de bruyère, de lande.

Nous arrivons vers vous du lointain Palaiseau
Et des faubourgs d'Orsay par Gometz-le-Châtel,
Autrement dit Saint-Clair ; ce n'est pas un castel ;
C'est un village au bord d'une route en biseau.

Nous avons débouché, montant de ce coteau,
Sur le ras de la plaine et sur Gometz-la-Ville
Au-dessus de Saint-Clair ; ce n'est pas une ville ;
C'est un village au bord d'une route en plateau.

Nous avons descendu la côte de Limours.
Nous avons rencontré trois ou quatre gendarmes.
Ils nous ont regardé, non sans quelques alarmes,
Consulter les poteaux aux coins des carrefours.

Nous avons pu coucher dans le calme Dourdan.
C'est un gros bourg très riche et qui sent sa province.
Fiers nous avons longé, regardés comme un prince,
Les fossés du château coupés comme un redan.

Dans la maison amie, hôtesse et fraternelle
On nous a fait coucher dans le lit du garçon.
Vingt ans de souvenirs étaient notre échanson.
Le pain nous fut coupé d'une main maternelle.

Toute notre jeunesse était là solennelle.
On prononça pour nous le Bénédicité.
Quatre siècles d'honneur et de fidélité
Faisaient des draps du lit une couche éternelle.

Nous avons fait semblant d'être un gai pèlerin
Et même un bon vivant et d'aimer les voyages,
Et d'avoir parcouru cent trente et un bailliages,
Et d'être accoutumés d'être sur le chemin.

La clarté de la lampe éblouissait la nappe.
On nous fit visiter le jardin potager.
Il donnait sur la treille et sur un beau verger.
Tel fut le premier gîte et la tête d'étape.

Le jardin était clos dans un coude de l'Orge.
Vers la droite il donnait sur un mur bocager
Surmonté de rameaux et d'un arceau léger.
En face un maréchal, et l'enclume, et la forge.

Nous nous sommes levés ce matin devant l'aube.
Nous nous sommes quittés après les beaux adieux.
Le temps s'annonçait bien. On nous a dit tant mieux.
On nous a fait goûter de quelque bœuf en daube,

Puisqu'il est entendu que le bon pèlerin
Est celui qui boit ferme et tient sa place à table,
Et qu'il n'a pas besoin de faire le comptable,
Et que c'est bien assez de se lever matin.

Le jour était en route et le soleil montait
Quand nous avons passé Sainte-Mesme et les autres.
Nous avancions déjà comme deux bons apôtres.
Et la gauche et la droite était ce qui comptait.

Nous sommes remontés par le Gué de Longroy.
C'en est fait désormais de nos atermoiements,
Et de l'iniquité des dénivellements :
Voici la juste plaine et le secret effroi

De nous trouver tout seuls et voici le charroi
Et la roue et les bœufs et le joug et la grange,
Et la poussière égale et l'équitable fange
Et la détresse égale et l'égal désarroi.

Nous voici parvenus sur la haute terrasse
Où rien ne cache plus l'homme de devant Dieu,
Où nul déguisement ni du temps ni du lieu
Ne pourra nous sauver, Seigneur, de votre chasse.

Voici la gerbe immense et l'immense liasse,
Et le grain sous la meule et nos écrasements,
Et la grêle javelle et nos renoncements,
Et l'immense horizon que le regard embrasse.

Et notre indignité cette immuable masse,
Et notre basse peur en un pareil moment,
Et la juste terreur et le secret tourment
De nous trouver tout seuls par-devant votre face.
[...]

La Tapisserie de Notre-Dame, 1913.

VII.
ERRANCES ET FUITES

27.

Georges Perec

Georges Perec publie Un homme qui dort *en 1967, l'année où il devient membre de l'Oulipo. Témoignage du vide existentiel fasciné, de la solitude urbaine au-delà de la détresse, ce petit livre constitue en même temps la description de ces marches inutiles, où les choses et les gens défilent autour du marcheur dans l'indifférence grise.*

TU APPRENDS À ÊTRE UNE OMBRE

Chaque après-midi, tu pars en promenade. Tu suis la route d'abord, puis, au-delà d'une carrière abandonnée, tu t'enfonces dans la forêt. Tu ramasses à terre une branche que tu élagues comme tu peux. Tu longes des champs de blé mûr, tu décapites des herbes folles à grands coups maladroits de ton bâton. Tu ne connais pas le nom des arbres, ni celui des fleurs, des plantes, des nuages. Tu t'assieds au sommet d'une colline d'où tout le village t'apparaît : la maison de tes parents, légèrement à l'écart, avec ses trois toits de couleurs différentes, l'église, le château presque à la hauteur de tes yeux, le viaduc où passait jadis le chemin de fer, le lavoir, la poste. Sur la route blanche, tout en bas, comme un galion qui sort du port, un énorme camion s'éloigne. Un paysan, seul, au milieu de son champ, guide sa charrue traînée par un cheval pommelé.

Des oiseaux lancent leurs cris, des gazouillis, des appels rauques, des trilles. Les grands arbres frémissent. La nature est là qui t'invite et qui t'aime. Tu mâchonnes des herbes que tu recraches aussitôt : le paysage t'inspire peu, la paix des champs ne t'émeut pas, le silence de la campagne ne t'énerve ni ne t'apaise. Seuls te fascinent parfois un insecte, une pierre, une feuille tombée, un arbre : tu restes parfois des heures à regarder un arbre, à le décrire, à le disséquer : les racines, le tronc, la ramure, les feuilles, chaque feuille, chaque nervure, chaque branche à nouveau, et le jeu infini des formes indifférentes que ton regard avide quémande ou suscite : visage, ville, dédale ou chemin, blasons et chevauchées. Au fur et à mesure que ta perception s'affine, se fait plus patiente et plus souple, l'arbre explose et renaît, mille nuances de vert, mille feuilles identiques et pourtant différentes. Il te semble que tu pourrais passer ta vie devant un arbre, sans l'épuiser, sans le comprendre, parce que tu n'as rien à comprendre, seulement à regarder : tout ce que tu peux dire de cet arbre, après tout, c'est qu'il est un arbre ; tout ce que cet arbre peut te dire, c'est qu'il est un arbre, racine, puis tronc, puis branches, puis feuilles. Tu ne peux en attendre d'autre vérité. L'arbre n'a pas de morale à te proposer, n'a pas de message à te délivrer. Sa force, sa majesté, sa vie – si tu espères encore tirer quelque sens, quelque courage, de ces anciennes métaphores – ce ne sont jamais que des images, des bons points, aussi vains que la paix des champs, que la traîtrise de l'eau qui dort, la vaillance des petits sentiers qui grimpent pas bien haut mais tout seuls, le sourire des coteaux où les grappes mûrissent au soleil.

C'est à cause de cela que l'arbre te fascine, ou t'étonne, ou te repose, à cause de cette évidence insoupçonnée, insoupçonnable, de l'écorce et des branches, des feuilles. C'est à cause de cela, peut-être, que tu ne te promènes jamais avec un chien, parce que le chien te regarde, te supplie, te parle. Ses yeux mouillés de reconnaissance, ses airs de chien battu, ses gambades de chien joyeux, t'obligent sans cesse à lui conférer l'ignoble statut de la bête domestique. Tu ne peux rester neutre en face d'un chien, pas plus qu'en face d'un homme. Mais tu ne dialogueras jamais avec un arbre. Tu ne peux pas vivre en face d'un chien parce que le chien, à chaque instant, te demandera de le faire vivre, de le nourrir, de le flatter, d'être homme pour lui, d'être son maître, d'être le dieu tonnant ce nom de chien qui le fera aussitôt s'aplatir. Mais l'arbre ne te demande rien. Tu peux être Dieu des chiens, Dieu des chats, Dieu des pauvres, il te suffit d'une laisse, d'un peu de mou, de quelque fortune, mais tu ne seras jamais maître de l'arbre. Tu ne pourras jamais que vouloir devenir arbre à ton tour.

[…]

Tu es seul. Tu apprends à marcher comme un homme seul, à flâner, à traîner, à voir sans regarder, à regarder sans voir. Tu apprends la transparence, l'immobilité, l'inexistence. Tu apprends à être une ombre et à regarder les hommes comme s'ils étaient des pierres. Tu apprends à rester assis, à rester couché, à rester debout. Tu apprends à mastiquer chaque bouchée, à trouver le même goût atone à chaque parcelle de nourriture que tu portes à ta bouche. Tu apprends à regarder les tableaux exposés dans les galeries de peinture comme s'ils étaient des bouts de murs, de plafonds, et les murs, les plafonds, comme s'ils étaient des toiles dont tu suis sans fatigue les dizaines, les milliers de chemins toujours recommencés, labyrinthes inexorables, texte que nul ne saurait déchiffrer, visages en décomposition.

Tu t'enfonces dans l'île Saint-Louis, tu prends la rue de Vaugirard, tu vas vers Pereire, vers Château-Landon. Tu marches lentement, tu reviens sur tes pas, tu essuies les devantures. Étalages de droguistes, d'électriciens, de merciers, de brocanteurs. Tu vas t'asseoir sur le parapet du pont Louis-Philippe et tu regardes se faire et se défaire un remous sous les arches, la dépression en entonnoir qui perpétuellement se creuse et se comble en avant des éperons. Des coches d'eau, des péniches passent plus loin, bouleversant à la longue les jeux de l'eau contre les piles. Tout le long du quai, des pêcheurs assis, immobiles, suivent des yeux l'inflexible dérive des flotteurs.

De la terrasse d'un café, assis en face d'un demi de bière ou d'un café noir, tu regardes la rue. Des voitures particulières, des taxis, des camionnettes, des autobus, des motocyclettes, des vélomoteurs passent, en groupes compacts que de rares et brèves accalmies séparent : les reflets lointains des feux qui règlent la circulation. Sur les trottoirs coulent les doubles flots continus, mais beaucoup plus fluides, des passants. Deux hommes porteurs des mêmes porte-documents en faux cuir se croisent d'un même pas fatigué ; une mère et sa fille, des enfants, des femmes âgées chargées de filets, un militaire, un homme aux bras lestés de deux lourdes valises, et d'autres encore, avec des paquets, avec des journaux, avec des pipes, des parapluies, des chiens, des ventres, des chapeaux, des voitures d'enfant, des uniformes, les uns courant presque, les autres traînant les pieds, s'arrêtant près des vitrines, se saluant, se séparant, se dépassant, se croisant, vieux et jeunes, hommes et femmes, heureux et malheureux. Des groupes sans cesse dissous et reformés s'entassent auprès des stations d'arrêt des autobus. Un homme-sandwich distribue des prospectus. Une femme adresse en vain de grands gestes aux taxis qui passent. La sirène d'une voiture de pompiers ou de police-secours vient vers toi en s'amplifiant.

Des dépanneurs passent en trombe, appelés pour quelles urgences ? Tu ne sais rien des lois qui font se rassembler ces gens qui ne se connaissent pas, que tu ne connais pas, dans cette rue où tu viens pour la première fois de ta vie, et où tu n'as rien à faire, sinon regarder cette foule qui va et vient, se précipite, s'arrête : ces pieds sur les trottoirs, ces roues sur les chaussées, que font-ils tous ? Où vont-ils tous ? Qui les appelle ? Qui les fait revenir ? Quelle force ou quel mystère les fait poser alternativement le pied droit puis le pied gauche sur le trottoir avec, d'ailleurs, une coordination qui saurait difficilement être plus efficace ? Des milliers d'actions inutiles se rassemblent au même instant dans le champ trop étroit de ton regard presque neutre. Ils tendent en même temps leurs mains droites et se la serrent comme s'ils voulaient la broyer, ils émettent avec leur bouche des messages apparemment pourvus de sens, ils tordent en tous sens leurs joues, leur nez, leurs sourcils, leurs lèvres, leurs mains, ponctuant leurs discours de mimiques expressives ; ils sortent leurs agendas, ils se dépassent, se saluent, s'invectivent, se congratulent, se bousculent ; ils s'acheminent sans te voir, et pourtant, tu es à quelques centimètres d'eux, assis à la terrasse d'un café, et tu ne cesses pas de les regarder.

Tu traînes. Tu imagines un classement des rues, des quartiers, des immeubles : les quartiers fous, les quartiers morts, les rues-marché, les rues-dortoir, les rues-cimetière, les façades pelées, les façades rongées, les façades rouillées, les façades masquées.

Tu longes les petits squares, dépassé par les enfants qui courent en laissant glisser sur les grilles une règle de fer ou de bois. Tu t'assieds sur les bancs de lattes vertes aux pieds de fonte sculptés en forme de pattes de lion. De vieux gardiens infirmes discutent avec des nurses d'un autre âge. Avec la pointe de ta chaussure, tu traces dans la terre à peine sableuse des ronds, des carrés, un œil, tes initiales.

Tu découvres des rues où nulle voiture jamais ne passe, où nul presque ne semble habiter, sans autre magasin qu'une boutique fantôme, une couturière à façon avec sa vitrine tendue de rideaux en voile où semblent avoir été de tout temps exposés le même mannequin blafard décoloré par le soleil, les mêmes plaques de boutons fantaisie, les mêmes gravures de mode qui portent pourtant la date de l'année, ou bien un matelassier proposant ses ressorts, ses pieds de lit en boule, en noyau d'olive, en fuseau, ses différentes qualités de crin et de coutil, ou bien un cordonnier dans son recoin servant d'échoppe, dont la porte est un rideau fait de bouchons plats en plastique de toutes couleurs enfilés sur des fils de nylon.

Tu découvres les passages : Passage Choiseul, Passage des Panoramas, Passage Jouffroy, Passage Verdeau, leurs marchands de modèles réduits, de pipes, de bijoux en strass, de timbres, leurs cireurs, leurs comptoirs à hot-dogs. Tu lis, une à une, les cartes pâlies affichées à la devanture d'un graveur : Docteur Raphaël Crubellier, Stomatologiste, Diplômé de la Faculté de Médecine de Paris, sur rendez-vous seulement, Marcel-Emile Burnachs S.A.R.L. Tout pour les Tapis, Monsieur et Madame Serge Valène, 11 rue Lagarde, 214 07 35 ; Réunion de l'Amicale des Anciens élèves du Collège Geoffroy Saint-Hilaire, Menu : Les Délices de la mer sur le lit des glaciers, le Bloc du Périgord aux perles noires, la Belle argentée du lac.

Un homme qui dort, 1967.

28.

Arthur Rimbaud

Verlaine le surnommait « l'homme aux semelles de vent ». C'était un marcheur incomparable. De ses fugues innombrables, adolescent, Rimbaud a ramené des poèmes à la gloire de la vie de bohème (liberté et joie sans limites). « Passant considérable » (Mallarmé), très vite Rimbaud arrête d'écrire, et mène une vie de projets avortés et de marches épuisantes (entre Aden et Harar) en Abyssinie. Une douleur au genou l'oblige à rentrer en France : il est amputé à Marseille, et meurt quelques mois après, à l'âge de trente-sept ans.

Ma Bohème (Fantaisie)

Je m'en allais, les poings dans mes poches crevées ;
Mon paletot aussi devenait idéal :
J'allais sous le ciel, Muse ! et j'étais ton féal ;
Oh ! là là ! que d'amours splendides j'ai rêvées !

Mon unique culotte avait un large trou.
– Petit-Poucet rêveur, j'égrenais dans ma course
Des rimes. Mon auberge était à la Grande-Ourse.
– Mes étoiles au ciel avaient un doux frou-frou

Et je les écoutais, assis au bord des routes,
Ces bons soirs de septembre où je sentais des gouttes
De rosée à mon front, comme un vin de vigueur ;

Où, rimant au milieu des ombres fantastiques,
Comme des lyres, je tirais les élastiques
De mes souliers blessés, un pied près de mon cœur !

Poésies, 1870.

À Isabelle

Marseille, le 10 juillet 1891.

Ma chère sœur,

J'ai bien reçu tes lettres des 4 et 8 juillet. Je suis heureux que ma situation soit enfin déclarée nette. Quant au livret, je l'ai en effet perdu dans mes voyages. Quand je pourrai circuler je verrai si je dois prendre mon congé ici ou ailleurs. Mais si c'est à Marseille, je crois qu'il me faudrait en mains la réponse autographe de l'intendance. Il vaut donc mieux que j'aie en mains cette déclaration, *envoyez-la-moi*. Avec cela personne ne m'approchera. Je garde aussi le certificat de l'hôpital et avec ces deux pièces je pourrai obtenir mon congé ici.

Je suis toujours levé, mais je ne vais pas bien. Jusqu'ici je n'ai encore appris à marcher qu'avec des béquilles, et encore il m'est impossible de monter ou descendre une seule marche. Dans ce cas on est obligé de me descendre ou monter à bras-le-corps. Je me suis fait faire une jambe de bois très légère, vernie et rembourrée, fort bien faite (prix 50 francs). Je l'ai mise il y a quelques jours et ai essayé de me traîner en me soulevant encore sur des béquilles, mais je me suis enflammé le moignon et ai laissé l'instrument maudit de côté. Je ne pourrai guère m'en servir avant quinze ou vingt jours, et encore avec des béquilles pendant au moins un mois, et pas plus d'une heure ou deux par jour. Le seul avantage est d'avoir trois points d'appui au lieu de deux.

Je recommence donc à béquiller. Quel ennui, quelle fatigue, quelle tristesse en pensant à tous mes anciens voyages, et comme j'étais actif il y a seulement cinq mois ! Où sont les courses à travers monts, les cavalcades, les promenades, les déserts, les rivières et les mers ? Et à présent l'existence de *cul-de-jatte* ! Car je commence à comprendre que les béquilles, jambes de bois et jambes mécaniques sont un tas de blagues et qu'on n'arrive avec tout cela qu'à se traîner misérablement sans pouvoir jamais rien faire. Et moi qui justement avais décidé de rentrer en France cet été pour me marier ! Adieu mariage, adieu famille, adieu avenir ! Ma vie est passée, je ne suis qu'un tronçon immobile.

29.

Jack Kerouac

Grand représentant de la Beat Generation, *Jack Kerouac remit violemment en cause dans ses livres, à la fin des années 1950, les valeurs traditionnelles de l'Amérique, ainsi que sa culture de l'argent et de la consommation. Avec* Sur la route *(*On the road, *1957), il est devenu le poète des grands espaces de l'Ouest et des expériences de l'extrême. La marche participe, avec l'amour ou la prise de drogues, de ces expériences qui signifient à la fois un grand « non » à la modernité matérialiste, et un « oui » immense à l'intensité de la vie.*

LES CLOCHARDS CÉLESTES

Japhy arriva après le départ de Princesse, puis ce fut le tour de Coughlin et soudain tout le monde se déchaîna – le vin aidant. Tout d'abord, Coughlin et moi, tous deux complètement ivres, parcourûmes la promenade principale de la ville, bras dessus, bras dessous, brandissant de grandes fleurs que nous avions cueillies dans les jardins, et une bouteille de vin, hurlant des haïkus et des hou-hou et des satoris à tous les passants qui nous souriaient gentiment en retour. « Je viens de faire sept kilomètres chargé de fleurs », criait Coughlin et je me sentais pris d'affection pour lui, maintenant. Malgré son air et sa grosse bedaine, il gagnait à être connu. C'était vraiment un homme exceptionnel. Nous allâmes rendre visite à un professeur de littérature de l'université de Californie que nous connaissions : Coughlin se déchaussa sur la pelouse et entra en dansant dans la maison du Maître ébahi, voire effrayé – bien que la réputation poétique de Coughlin fût désormais bien établie. Puis, toujours pieds nus et armés de nos grandes fleurs et de bouteilles de vin, nous rentrâmes au bungalow. Il était près de dix heures. J'avais reçu un petit mandat ce jour-là – une bourse de trois cents dollars – et je dis à Japhy : « J'ai tout compris, maintenant ; je suis prêt. Pourquoi ne me conduis-tu pas demain à Oakland pour m'aider à acheter un sac et tout le bazar afin que je puisse partir dans le désert ?

– Bon, je prendrai la voiture de Morley et je viendrai te chercher à la première heure. Et maintenant buvons. » Je mis mon petit foulard rouge sur l'ampoule de la lampe et nous nous assîmes en rond pour boire et bavarder. Ce fut une nuit de grandes discussions. Japhy commença par nous raconter sa vie antérieure : comment il avait été marin sur un cargo en 1948 et se promenait dans le port de New York, un poignard à la ceinture, ce qui nous étonna, Alvah et moi ; puis il nous parla de cette fille qu'il avait aimée en Californie : « Elle m'a fait bander pendant cinq mille kilomètres, nom de Dieu ! » Puis Coughlin dit : « Parle-leur de Grande Prune, Japh. »

Immédiatement Japhy se mit à réciter : « Grande Prune, le Maître du Zen, avait été consulté sur le sens du bouddhisme ; il répondit : "Fleur de jonc, bourre de saule, tiges de bambou, fil de lin" ; en d'autres termes : "Accroche-toi à l'homme, l'extase est partout", voilà ce qu'il voulait évoquer : l'extase par la pensée, mais le monde n'est rien que pensée, qu'est-ce que la pensée ?

La pensée n'est rien d'autre que le monde, nom de Dieu. Alors l'Ancêtre Cheval dit : "La pensée est Bouddha." Il dit aussi : "Aucune pensée n'est Bouddha." Puis faisant allusion à son disciple Grande Prune, il ajouta : "La prune est mûre."

— Bien, c'est intéressant, dit Alvah, mais *où sont les neiges d'antan ?*

— Eh bien, je suis à peu près d'accord avec toi, car ces gens ont vu les fleurs comme dans un rêve, mais nom de Dieu, le monde est fait de gens *réels* comme Smith et Goldbook et chacun se conduit comme s'il vivait dans un rêve, merde, comme s'ils étaient eux-mêmes des rêves ou des mioches. La souffrance, ou l'amour, ou le danger ça vous rend à la réalité ; tu n'as pas senti ça, Ray, quand tu avais si peur sur ta corniche ?

— Tout était réel, c'est vrai.

— C'est pourquoi les pionniers de la Prairie ont toujours été des héros et sont encore mes héros préférés, depuis longtemps et pour toujours. Ils étaient constamment avertis de la réalité des êtres et des choses qui peuvent aussi bien être irréels – au fond quelle différence ? Le *Sutra du Diamant* dit : « Ne forme aucun préjugé quant à la réalité ou l'irréalité de l'existence » ou quelque chose comme ça. Les menottes des flics seront plus douces et les matraques tomberont : vive la liberté !

— Le président des États-Unis commence à loucher et s'évanouit dans l'air ! hurlai-je.

— Les anchois retournent à la terre ! gueula Coughlin.

— Le pont du Golden Gate se couvre de rouille au soleil couchant et s'effondre, dit Alvah.

— Et les anchois retourneront à la terre, insista Coughlin.

Donne-moi la bouteille que je boive encore un coup. Hou-oo-ou ! (Japhy se releva d'un bond.) J'ai lu Whitman, et savez-vous ce qu'il dit ? *Debout les esclaves, faites trembler les despotes étrangers.* Il croit que telle doit être l'attitude du Barde, du Barde Fou inspiré par le Zen, sur les vieilles pistes du désert. Il croit qu'il faut imaginer le monde comme le rendez-vous des errants qui s'avancent sac au dos, des clochards célestes qui refusent d'admettre qu'il faut consommer tout ce qui est produit et par conséquent travailler pour avoir le privilège de consommer, et d'acheter toute cette ferraille dont ils n'ont que faire ; réfrigérateurs, récepteurs de télévision, automobiles (tout au moins ces nouvelles voitures fantaisistes) et toutes sortes d'ordures inutiles, les huiles pour faire pousser les cheveux, les désodorisants et autres saletés qui, dans tous les cas, atterriront dans la poubelle huit jours plus tard, tout ce qui constitue le cercle infernal : travailler, produire, consommer, travailler, produire, consommer. J'entrevois la grande révolution des sacs à dos. Des milliers, des millions de jeunes Américains, bouclant leur sac et prenant la route, escaladant les montagnes pour prier, faisant rire les enfants, réjouissant les vieux, rendant heureuses les jeunes filles et plus heureuses encore les vieilles, tous transformés en Fous du Zen, lancés de par le monde pour écrire des poèmes inspirés, sans rime ni raison, pratiquant la bonté, donnant l'image de la liberté par leurs actes imprévus, à tous les hommes et même à tous les êtres vivants ; c'est cela que j'aime en toi, Goldbook, et en toi, Smith, venus tous deux de cette côte Est que je croyais morte. »

Les Clochards célestes, 1958.

30.

Récits d'un pèlerin russe

Les Récits d'un pèlerin russe *sont un texte anonyme – sans doute des notes de pèlerin mises en forme par des moines de l'ermitage d'Optina, dans la seconde moitié du XIXe siècle. Il est vite devenu un grand classique de la littérature orthodoxe : s'y trouve exposée avec une grande simplicité la « prière perpétuelle ». Le pèlerin traverse les campagnes russes, équipé simplement d'une Bible et d'un morceau de pain, marchant inlassablement au rythme de son oraison.*

Priez sans cesse

« Voyez-vous, mon père, il y a un an environ qu'étant à l'office, j'entendis ce commandement de l'Apôtre : *Priez sans cesse*. Ne sachant comment comprendre cette parole, je me suis mis à lire la Bible. Et là aussi, en beaucoup de passages, j'ai trouvé le commandement de Dieu : il faut prier sans cesse, toujours, en toute occasion, en tout lieu, non seulement pendant les travaux journaliers, non seulement en état de veille, mais aussi dans le sommeil : *Je dors, mais mon cœur veille*[1]. Cela m'étonna beaucoup et je ne pus comprendre comment

---
1. Cantique des cantiques, 5, 2.

on peut accomplir une telle chose et quels sont les moyens d'y parvenir ; un violent désir et la curiosité s'éveillèrent en moi : ni jour ni nuit ces paroles ne sortirent plus de mon esprit. Aussi je me mis à fréquenter les églises – j'entendis des sermons sur la prière ; mais j'ai eu beau en écouter, jamais je n'y ai appris comment prier sans cesse ; on parlait toujours de la préparation à la prière ou de ses fruits, sans enseigner comment prier sans cesse et ce que signifie une telle prière. J'ai lu souvent la Bible et j'y ai retrouvé ce que j'avais entendu ; mais cependant je n'ai pas atteint la compréhension que je désire. Et depuis ce temps, je demeure incertain et inquiet. »

Le starets se signa et prit la parole :

« Remercie Dieu, frère bien-aimé, de ce qu'il t'a révélé une attirance invincible en toi vers la prière intérieure perpétuelle. Reconnais là l'appel de Dieu et calme-toi en pensant qu'ainsi l'accord de ta volonté avec la parole divine a été dûment éprouvé ; il t'a été donné de comprendre que ce n'est pas la sagesse de ce monde ni un vain désir de connaissances qui conduisent à la lumière céleste – la prière intérieure perpétuelle – mais au contraire la pauvreté d'esprit et l'expérience active dans la simplicité du cœur.

« C'est pourquoi il n'est pas étonnant que tu n'aies rien entendu de profond sur l'acte de prier et que tu n'aies pu apprendre comment parvenir à cette activité perpétuelle. En vérité, on prêche beaucoup sur la prière et il existe là-dessus de nombreux ouvrages récents, mais tous les jugements de leurs auteurs sont fondés sur la spéculation intellectuelle, sur les concepts de la raison naturelle et non sur l'expérience nourrie par l'action ; ils parlent plus des attributs de la prière que de son essence même. L'un explique fort bien pourquoi il est nécessaire de prier ; un autre parle de la puissance et des effets bienfaisants de la prière ; un troisième, des conditions nécessaires pour bien prier, c'est-à-dire du zèle, de l'attention, de la chaleur du cœur, de la pureté d'esprit, de l'humilité, du repentir qu'il faut avoir pour se mettre à prier. Mais qu'est-ce que la prière et comment on apprend à prier – à ces questions pourtant essentielles et fondamentales, on trouve bien rarement réponse chez les prédicateurs de ce temps ; car elles sont plus difficiles que toutes leurs explications et demandent non un savoir scolaire mais une connaissance mystique. Et, chose beaucoup plus triste, cette sagesse élémentaire et vaine conduit à mesurer Dieu avec une mesure humaine. Beaucoup commettent une grande erreur, lorsqu'ils pensent que les moyens préparatoires et les bonnes actions engendrent la prière, alors qu'en réalité c'est la prière qui est la source des œuvres et des vertus. Ils prennent à tort les fruits ou les conséquences de la prière pour les moyens d'y parvenir, et diminuent ainsi sa force. C'est un point de vue entièrement opposé à l'Écriture : car l'apôtre Paul parle ainsi de la prière : *Je vous conjure avant tout de prier*[1].

« Ainsi l'Apôtre place la prière au-dessus de tout : *Je vous conjure avant tout de prier*. Beaucoup de bonnes œuvres sont demandées au chrétien, mais l'œuvre de prière est au-dessus de toutes les autres, car, sans elle, rien de bien ne peut s'accomplir. Sans la prière fréquente, on ne peut trouver la voie qui conduit au Seigneur, connaître la Vérité, crucifier la chair avec ses passions et ses désirs, être illuminé dans le cœur par la lumière du Christ et s'unir à lui dans le salut. Je dis fréquente, car la perfection et la correction de notre prière ne dépendent pas de nous, comme le dit encore l'apôtre Paul : *Nous ne savons pas ce qu'il faut demander*[2]. Seule

---
1. I Tim. 2, 1.
2. Rom. 8, 26.

la fréquence a été laissée en notre pouvoir comme moyen pour atteindre la pureté de prière qui est la mère de tout bien spirituel. *Acquiers la mère et tu auras une descendance*, dit saint Isaac le Syrien, enseignant qu'il faut acquérir d'abord la prière pour pouvoir mettre en pratique toutes les vertus. Mais ils connaissent mal ces questions et ils en parlent peu, ceux qui ne sont pas familiers avec la pratique et les enseignements mystérieux des Pères. »

En conversant ainsi, nous étions insensiblement arrivés jusqu'à la solitude. Pour ne pas me séparer de ce sage vieillard et satisfaire plus tôt mon désir, je m'empressai de lui dire :

« Je vous en prie, père vénérable, expliquez-moi ce qu'est la prière intérieure perpétuelle et comment on peut l'apprendre : je vois que vous en avez une expérience profonde et sûre. »

Le starets accueillit ma demande avec bonté et m'invita chez lui :

« Viens chez moi, je te donnerai un livre des Pères qui te permettra de comprendre clairement ce qu'est la prière et de l'apprendre avec l'aide de Dieu. »

Nous entrâmes dans sa cellule et le starets m'adressa les paroles suivantes :

« La prière de Jésus intérieure et constante est l'invocation continuelle et ininterrompue du nom de Jésus par les lèvres, le cœur et l'intelligence, dans le sentiment de sa présence, en tout lieu, en tout temps, même pendant le sommeil. Elle s'exprime par ces mots : *Seigneur Jésus-Christ, ayez pitié de moi !* Celui qui s'habitue à cette invocation ressent une grande consolation et le besoin de dire toujours cette prière ; au bout de quelque temps, il ne peut plus demeurer sans elle et c'est d'elle-même qu'elle coule en lui. Comprends-tu maintenant ce qu'est la prière perpétuelle ?

— Je le comprends parfaitement, mon père ! Au nom de Dieu, enseignez-moi maintenant comment y parvenir, m'écriai-je plein de joie.

— Comment on apprend la prière, nous le verrons dans ce livre. Il s'appelle *Philocalie*. Il contient la science complète et détaillée de la prière intérieure perpétuelle exposée par vingt-cinq Pères ; il est si utile et si parfait qu'il est considéré comme le guide essentiel de la vie contemplative et, comme le dit le bienheureux Nicéphore, "il conduit au salut sans peine et sans douleur".

— Est-il donc plus haut que la sainte Bible ? demandai-je.

— Non, il n'est ni plus haut, ni plus saint que la Bible, mais il contient les explications lumineuses de tout ce qui reste mystérieux dans la Bible en raison de la faiblesse de notre esprit, dont la vue ne parvient pas jusqu'à ces hauteurs. Voici une image : le soleil est un astre majestueux, étincelant et superbe ; mais on ne peut le regarder à l'œil nu. Pour contempler ce roi des astres et supporter ses rayons enflammés, il faut employer un verre artificiel, infiniment plus petit et plus terne que le soleil. Eh bien, l'Écriture est ce soleil resplendissant et la *Philocalie* ce morceau de verre. Écoute, maintenant, je vais te lire comment s'exercer à la prière intérieure perpétuelle. »

Le starets ouvrit la *Philocalie*, choisit un passage de saint Syméon le Nouveau Théologien et commença :

« Demeure assis dans le silence et dans la solitude, incline la tête, ferme les yeux ; respire plus doucement, regarde par l'imagination à l'intérieur de ton cœur, rassemble ton intelligence, c'est-à-dire ta pensée, de ta tête dans ton cœur. Dis sur la respiration : "Seigneur Jésus-Christ, ayez pitié de moi", à voix basse, ou simplement en esprit. Efforce-toi de chasser toutes pensées, sois patient et répète souvent cet exercice. »

Puis le starets m'expliqua tout ceci avec des exemples et nous lûmes encore dans la *Philocalie* les paroles de saint Grégoire le Sinaïte et des bienheureux Calliste et Ignace. Tout ce que nous lisions, le starets me l'expliquait en des termes à lui. J'écoutais avec attention et ravissement et m'efforçais de fixer toutes ces paroles dans ma mémoire avec la plus grande exactitude. Nous passâmes ainsi toute la nuit et allâmes aux matines sans avoir dormi.

Le starets, en me renvoyant, me bénit et me dit de venir chez lui, pendant mon étude de la prière, pour me confesser avec franchise et simplicité de cœur, car il est vain de s'attaquer sans guide à l'œuvre spirituelle.

À l'église, je sentis en moi un zèle ardent qui me poussait à étudier avec soin la prière intérieure perpétuelle, et je demandai à Dieu de vouloir bien m'aider. Puis je pensai qu'il me serait difficile d'aller voir le starets pour me confesser ou lui demander conseil. À l'hôtellerie, on ne me gardera pas plus de trois jours et près de la solitude, il n'y a pas de logis... Heureusement, j'appris qu'un village se trouvait à quatre verstes. J'y allai pour chercher une place et, pour mon bonheur, Dieu me favorisa. Je pus me louer comme gardien chez un paysan, à condition de passer l'été tout seul dans une hutte au fond du potager. Dieu merci, j'avais trouvé un endroit tranquille. C'est ainsi que je me mis à vivre et à étudier par les moyens indiqués la prière intérieure, en allant souvent voir les starets.

Pendant une semaine, je m'exerçai dans la solitude de mon jardin à l'étude de la prière intérieure, en suivant exactement les conseils du starets. Au début, tout semblait aller bien. Puis je ressentis une grande lourdeur, de la paresse, de l'ennui, un sommeil insurmontable et les pensées s'abattirent sur moi comme les nuages. J'allai chez le starets plein de chagrin et lui exposai mon état. Il me reçut avec bonté et me dit :

« Frère bien-aimé, c'est la lutte que mène contre toi le monde obscur, car il n'est rien qu'il redoute tant que la prière du cœur. Il essaye de te gêner et de te donner du dégoût pour la prière. Mais l'ennemi n'agit que selon la volonté et la permission de Dieu, dans la mesure où cela nous est nécessaire. Il faut sans doute que ton humilité soit encore mise à l'épreuve : il est trop tôt pour atteindre par un zèle excessif au seuil même du cœur, car tu risquerais de tomber dans l'avarice spirituelle. Je vais te lire ce que dit la *Philocalie* à ce sujet. »

Le starets chercha dans les enseignements du moine Nicéphore et lut :

« Si, malgré tes efforts, mon frère, tu ne peux entrer dans la région du cœur, comme je te l'ai recommandé, fais ce que je te dis et, Dieu aidant, tu trouveras ce que tu cherches.

« Tu sais que la raison de tout homme est dans sa poitrine... À cette raison enlève donc toute pensée (tu le peux si tu veux) et donne-lui le "Seigneur Jésus-Christ, ayez pitié de moi". Efforce-toi de remplacer par cette invocation intérieure toute autre pensée et, à la longue, cela t'ouvrira sûrement le seuil du cœur, c'est là un fait prouvé par l'expérience.

« Tu vois ce qu'enseignent les Pères dans ce cas, me dit le starets. C'est pourquoi tu dois accepter ce commandement avec confiance et réciter autant que tu le peux la prière de Jésus. Voici un rosaire avec lequel tu pourras faire au début trois mille oraisons par jour. Debout, assis, couché ou en marchant, dis sans cesse : Seigneur Jésus-Christ, ayez pitié de moi ! doucement et sans hâte. Et récite exactement trois mille oraisons par jour sans en ajouter ou retrancher aucune. C'est ainsi que tu parviendras à l'activité perpétuelle du cœur. »

Je reçus avec joie ces paroles du starets et m'en retournai chez moi. Je me mis à faire exactement et fidèlement ce qu'il m'avait enseigné. Pendant deux jours, j'y eus quelque difficulté, puis cela devint si facile que lorsque je ne disais pas la prière, je sentais comme un besoin de la reprendre et elle coulait avec facilité et légèreté sans rien de la contrainte du début.

Je racontai cela au starets, qui m'ordonna de réciter six mille oraisons par jour et me dit :

« Sois sans trouble et efforce-toi seulement de t'en tenir fidèlement au nombre d'oraisons qui t'est prescrit : Dieu te fera miséricorde. »

Pendant toute une semaine, je demeurai dans ma cabane solitaire à réciter chaque jour mes six mille oraisons sans me soucier de rien autre et sans avoir à lutter contre les pensées ; j'essayais seulement d'observer exactement le commandement du starets. Qu'arriva-t-il ? Je m'habituai si bien à la prière que, si je m'arrêtais un court instant, je sentais un vide comme si j'avais perdu quelque chose ; dès que je reprenais ma prière, j'étais de nouveau léger et heureux. Si je rencontrais quelqu'un, je n'avais plus envie de parler, je désirais seulement être dans la solitude et réciter la prière ; tellement je m'y trouvais habitué au bout d'une semaine.

Le starets qui ne m'avait pas vu depuis dix jours vint lui-même prendre de mes nouvelles ; je lui expliquai ce qui m'arrivait. Après m'avoir écouté, il dit :

« Te voilà habitué à la prière. Vois-tu, il faut maintenant garder cette habitude et la fortifier : ne perds pas de temps et, avec l'aide de Dieu, prends la résolution de réciter douze mille oraisons par jour ; demeure dans la solitude, lève-toi un peu plus tôt, couche-toi un peu plus tard et viens me voir deux fois par mois. »

Je me conformai aux ordres du starets et, le premier jour, c'est à peine si je parvins à réciter mes douze mille oraisons que j'achevai tard dans la soirée. Le lendemain je le fis plus facilement et avec plaisir. Je ressentis d'abord de la fatigue, une sorte de durcissement de la langue et une raideur dans les mâchoires, mais sans rien de désagréable ; ensuite j'eus légèrement mal au palais, puis au pouce de la main gauche qui égrenait le rosaire, tandis que mon bras s'échauffait jusqu'au coude, ce qui produisait une sensation délicieuse. Et cela ne faisait que m'inciter à réciter encore mieux la prière. Ainsi pendant cinq jours, j'exécutai fidèlement les douze mille oraisons et, en même temps que l'habitude, je reçus l'agrément et le goût de la prière.

Un matin de bonne heure, je fus comme réveillé par la prière. Je commençai à dire mes oraisons du matin, mais ma langue s'y embarrassait et je n'avais d'autre désir que de réciter la prière de Jésus. Dès que je m'y fus mis, je devins tout heureux, mes lèvres remuaient d'elles-mêmes et sans effort. Je passai toute la journée dans la joie. J'étais comme retranché de tout et me sentais dans un autre monde. Je terminai sans difficulté mes douze mille oraisons avant la fin du jour. J'aurais beaucoup voulu continuer, mais je n'osais dépasser le chiffre indiqué par le starets. Les jours suivants, je continuai à invoquer le nom de Jésus-Christ avec facilité et sans jamais me lasser.

J'allai voir le starets et lui racontai tout cela en détail. Lorsque j'eus fini, il me dit :

« Dieu t'a donné le désir de prier et la possibilité de le faire sans peine. C'est là un effet naturel produit par l'exercice et l'application constante, de même qu'une machine dont on lance peu à peu le volant continue ensuite à tourner d'elle-même ; mais, pour qu'elle reste en mouvement, il faut la graisser et lui donner parfois un nouvel élan. Tu vois maintenant de quelles facultés merveilleuses le Dieu ami des hommes a doué notre nature sensible elle-même ; et tu as connu les sensations extraordinaires qui peuvent naître même dans l'âme pécheresse, dans la nature impure que n'illumine pas encore la grâce. Mais quel degré de perfection, de joie et de ravissement n'atteint pas l'homme lorsque le Seigneur veut bien lui révéler la prière spirituelle spontanée et purifier son âme des passions ! C'est un état inexprimable et la révélation de ce mystère est un avant-goût de la douceur céleste. C'est le don que reçoivent ceux qui cherchent le Seigneur dans la simplicité d'un cœur débordant d'amour !

« Désormais, je te permets de réciter autant d'oraisons que tu le veux, essaie de consacrer tout le temps de la veille à la prière et invoque le nom de Jésus sans plus compter, t'en remettant humblement à la volonté de Dieu, et espérant en son secours ; il ne t'abandonnera pas et dirigera ta route. »

Obéissant à cette règle, je passai tout l'été à réciter sans cesse la prière de Jésus et je fus tout à fait tranquille. Durant mon sommeil, je rêvais parfois que je récitais la prière. Et pendant la journée, lorsqu'il m'arrivait de rencontrer des gens, ils me semblaient aussi aimables que s'ils avaient été de ma famille. Mais je ne restais pas avec eux. Les pensées s'étaient apaisées et je ne vivais qu'avec la prière ; je commençais à incliner mon esprit à l'écouter et parfois mon cœur ressentait de lui-même comme une chaleur et une grande joie. Lorsqu'il m'arrivait d'entrer à l'église, le long service de la solitude me paraissait court et ne me laissait plus comme auparavant. La cabane solitaire me semblait un palais splendide et je ne savais comment remercier Dieu de m'avoir envoyé, à moi pauvre pécheur, un starets à l'enseignement si bienfaisant.

Mais je n'eus pas longtemps à jouir de la direction de mon starets bien-aimé et sage – il mourut à la fin de l'été. Je lui dis adieu avec des larmes et, en le remerciant pour son enseignement paternel, je lui demandai de me laisser comme bénédiction le rosaire avec lequel il priait toujours. Ainsi je restai seul. L'été s'acheva, on récolta les fruits du jardin. Je n'avais plus où vivre. Le paysan me donna deux roubles d'argent comme salaire, remplit mon sac de pain pour la route et je repris ma vie errante ; mais je n'étais plus dans le besoin comme jadis. L'invocation du nom de Jésus-Christ me réjouissait tout le long du chemin et tout le monde me traitait avec bonté ; il semblait que tous s'étaient mis à m'aimer.

Un jour je me demandai que faire avec les roubles que m'avait donnés le paysan. À quoi me servent-ils ? Oui ! Eh bien, je n'ai plus de starets, personne pour me guider ; je vais acheter une *Philocalie* et j'y apprendrai la prière intérieure. Je fis un signe de croix et continuai ma route en priant. J'arrivai dans un chef-lieu de gouvernement et me mis à chercher par les boutiques une *Philocalie* ; j'en trouvai bien une, mais le marchant en voulait trois roubles et je n'en avais que deux ; j'eus beau marchander, il ne voulut rien rabattre ; enfin, il me dit :

« Va donc voir dans cette église, demande au sacristain ; il a un vieux livre comme ça, qu'il te cédera peut-être pour tes deux roubles. »

J'y allai et achetai en effet pour deux roubles une *Philocalie* fort vieille et abîmée ; j'en fus tout heureux. Je la raccommodai comme je pus avec de l'étoffe et la mis dans mon sac avec la Bible.

Voilà comment je vais maintenant, disant sans cesse la prière de Jésus, qui m'est plus chère et plus douce que tout au monde. Parfois, je fais plus de soixante-dix verstes en un jour et je ne sens pas que je vais ; je sens seulement que je dis la prière. Quand un froid violent me saisit, je récite la prière avec plus d'attention et bientôt je suis tout réchauffé. Si la faim devient trop forte, j'invoque plus souvent le nom de Jésus-Christ et je ne me rappelle plus avoir eu faim. Si je me sens malade et que mon dos ou mes jambes me fassent mal, je me concentre dans la prière et je ne sens plus la douleur. Lorsque quelqu'un m'offense, je ne pense qu'à la bienfaisante prière de Jésus ; aussitôt, colère ou peine disparaissent et j'oublie tout. Je suis devenu un peu bizarre. Je n'ai souci de rien, rien ne m'occupe, rien de ce qui est extérieur ne me retient, je voudrais être toujours dans la solitude ; par habitude, je n'ai qu'un seul besoin : réciter sans cesse la prière, et, quand je le fais, je deviens tout gai. Dieu sait ce qui se fait en moi. Naturellement, ce ne sont là que des impressions sensibles ou, comme disait le starets, l'effet de la nature et d'une habitude acquise ; mais je n'ose encore me mettre à l'étude de la prière spirituelle à l'intérieur du cœur, je suis trop indigne et trop bête. J'attends l'heure de Dieu, espérant en la prière de mon défunt starets. Ainsi, je ne suis pas encore parvenu à la prière spirituelle du cœur, spontanée et perpétuelle ; mais, grâce à Dieu, je comprends clairement maintenant ce que signifie la parole de l'Apôtre que j'entendis jadis : « *Priez sans cesse.* »

Récits d'un pèlerin russe, milieu XIXe siècle.

VIII.
EXPÉRIENCES

31.
Ralph Waldo Emerson

Emerson a fondé et animé le mouvement transcendantaliste, qui est la première grande philosophie américaine. Nature (1836) est son premier texte, dans lequel s'affirme déjà toute une mystique de l'immanence, et l'idée selon laquelle, en pénétrant dans l'extériorité naturelle, on va à la rencontre de son intimité personnelle. Ses liens avec Henry David Thoreau ont été très étroits.

Si un homme veut être seul, qu'il regarde les étoiles

Pour se retirer dans la solitude, on a autant besoin de quitter sa chambre que la société. Je ne suis pas seul tandis que je lis ou écris, bien que personne ne soit avec moi. Mais si un homme veut être seul, qu'il regarde les étoiles. Les rayons qui tombent de ces mondes célestes le sépareront de ce qui l'environne. Il est permis de penser que l'atmosphère a été créée transparente dans le seul but de donner à l'homme, par l'intermédiaire des corps célestes, le sentiment de la présence constante du sublime. Vues à travers les rues des villes, comme les étoiles paraissent grandioses ! Si elles ne devaient apparaître qu'une seule nuit tous les mille ans, combien les hommes croiraient et adoreraient et conserveraient le souvenir de la cité de Dieu qui leur aurait été montrée. Mais c'est chaque nuit que se montrent ces ambassadrices de la beauté et qu'elles illuminent l'univers de leur souriante exhortation.

Les étoiles éveillent une certaine vénération, car bien que toujours présentes, elles demeurent inaccessibles. Mais tous les objets naturels suscitent une impression analogue lorsque l'esprit est ouvert à leur influence. La nature ne revêt jamais une forme mesquine. Et l'homme le plus sage ne lui ravit pas son secret, pas plus qu'il n'épuise sa curiosité en en découvrant toute la perfection. Jamais la nature ne fut un jouet aux yeux du sage. Les fleurs, les animaux, les montagnes reflètent la sagesse de ses heures les meilleures, de même qu'ils ont enchanté la simplicité de son enfance.

Lorsque nous parlons de la nature de cette manière, nous avons à l'esprit un sentiment particulier, quoique des plus poétiques. Nous voulons parler de l'unité d'impression provoquée par la diversité des objets naturels. C'est cela qui distingue le morceau de bois du bûcheron de l'arbre du poète. Le paysage charmant que je contemple ce matin est indubitablement composé de vingt ou trente fermes. Miller possède ce champ, Locke celui-là, et Manning le bois situé au-delà. Mais aucun d'eux ne possède le paysage. Il est une propriété à l'horizon que personne ne possède, sauf celui dont l'œil est capable d'intégrer toutes les parties, c'est-à-dire le poète. C'est la meilleure part de la ferme de ces hommes, quoique leur titre de propriété n'y donne aucun droit.

À vrai dire, peu d'adultes sont capables de voir la nature. La plupart des gens ne voient pas le soleil. Du moins en ont-ils une vision très superficielle. Le soleil ne fait qu'éclairer l'œil de l'homme, alors qu'il brille à la fois dans l'œil et dans le cœur de l'enfant. L'amoureux de la nature est celui dont les sens internes et externes sont encore réellement ajustés les uns aux autres et qui a gardé l'esprit d'enfance jusque dans l'âge adulte. Son commerce avec le ciel et la terre devient une part de sa nourriture quotidienne. En présence de la nature, une joie sauvage parcourt cet homme, en dépit des chagrins réels. La nature dit : « Il est ma créature, et malgré l'insolence de son affliction il sera heureux avec moi. » Ce n'est pas le soleil ou l'été seulement, mais chaque heure, chaque saison qui apporte son lot de plaisir ; car chaque heure et chaque changement correspondent, en même temps qu'ils le permettent, à un état d'esprit différent, de midi où ne circule pas le moindre souffle d'air jusqu'au minuit le plus noir. La nature est un décor qui convient aussi bien pour jouer une pièce triste que comique. Lorsqu'on est en bonne santé, l'air est un cordial d'une incroyable efficacité. Traversant au crépuscule, sous un ciel nuageux, un terrain dénudé parsemé de plaques de neige boueuse sans avoir présente à l'esprit l'idée d'une bonne fortune particulière, j'ai joui d'un sentiment d'allégresse parfait. J'éprouvai une joie qui touchait à l'angoisse. Dans les bois aussi, un homme se débarrasse de ses années comme le serpent de son ancienne peau – et à quelque période de la vie qu'il soit, il est toujours un enfant. Dans les bois se trouve la jeunesse éternelle. Parmi ces plantations de Dieu règnent la grandeur et le sacré, une fête éternelle est apprêtée, et l'invité ne voit pas comment il pourrait s'en lasser en un millier d'années. Dans le bois, nous revenons à la raison et à la foi. Là, je sens que rien ne peut m'arriver dans la vie, ni disgrâce, ni calamité (mes yeux m'étant laissés) que la nature ne puisse réparer. Debout sur le sol nu, la tête baignée par l'air joyeux et soulevée dans l'espace infini, tous nos petits égoïsmes s'évanouissent. Je deviens une pupille transparente ; je ne suis rien, je vois tout ; les courants de l'Être universel circulent à travers moi ; je suis une partie ou une parcelle de Dieu. Le nom de l'ami le plus cher sonne alors comme étranger et fortuit : être frère ou ami, maître ou serviteur apparaît comme un embarras et un détail sans valeur. Je suis l'amant de la beauté immortelle et sans entraves. Dans la nature sauvage, je trouve quelque chose de plus cher et de plus primordial que dans les rues ou les villages. À travers la tranquillité du paysage, et spécialement sur la ligne lointaine de l'horizon, l'homme contemple quelque chose d'aussi magnifique que sa propre nature.

Le plus grand plaisir que procurent les champs et les bois est la secrète relation qu'ils suggèrent entre l'homme et les végétaux. Je ne suis pas seul et inconnu. Ils me font signe, et moi de même. Le balancement des branches dans la tempête est nouveau pour moi et ancien. Cela me prend par surprise et pourtant ne m'est pas inconnu. Ses effets sont semblables au sentiment qui me submerge d'une pensée plus haute ou d'un sentiment meilleur lorsque j'estime que j'ai bien agi ou pensé avec justesse.

Cependant, il est certain que la faculté de produire ce plaisir ne réside pas dans la nature mais dans l'homme, ou dans une harmonie des deux. Il est nécessaire de pratiquer ces plaisirs avec une grande modération. Car la nature n'est pas toujours revêtue de ses habits de fête, et la même scène qui hier encore embaumait les parfums et scintillait comme pour le bal des nymphes, se recouvre aujourd'hui de mélancolie. La nature arbore toujours les couleurs de l'esprit. Pour l'homme qui se traîne sous le poids du malheur, la chaleur de son propre feu recèle une tristesse en elle. D'ailleurs, il existe une sorte de mépris pour le paysage chez celui qui vient de perdre un être cher. Le ciel perd de sa grandeur lorsqu'il se referme sur une communauté de semblables qui a perdu de sa valeur.

La Nature, 1836.

32.
Walt Whitman

Walt Whitman est un des plus grands poètes américains. Son recueil Feuilles d'herbe *(*Leaves of Grass, *1855 ; la seconde édition comprendra une lettre de félicitations d'Emerson) est considéré comme son chef-d'œuvre. Il comprend un long éloge de la route comme source d'énergie et appel de la liberté.*

CHANT DE LA GRAND-ROUTE

1

À pied et le cœur léger, je pars sur la grand-route,
Bien portant, libre, le monde devant moi,
Le long chemin brun devant moi conduit partout où je voudrai.

Désormais je ne fais plus appel à la chance, c'est moi-même qui suis la chance,
Désormais je ne pleurniche plus, je ne diffère plus, je n'ai besoin de rien,
J'en ai fini avec les malaises des gens casaniers, avec les bibliothèques, les critiques et les plaintes,
Vigoureux et content, j'arpente la grand-route.

La terre – je n'en demande pas plus,
Je ne demande pas que les constellations soient plus proches,
Je sais qu'elles sont très bien là où elles sont,
Je sais qu'elles suffisent à ceux qui les habitent.

(Pourtant, même ici, j'emporte mes délicieux fardeaux d'autrefois,
Je les emporte, hommes et femmes, je les emporte avec moi partout où je vais,
Je jure qu'il m'est impossible de m'en débarrasser,
Je suis plein d'eux ; et je les remplirai en retour.)

2

Toi, route où je m'engage en regardant de part et d'autre, je crois que tu n'es pas tout ce qui est ici,
Je crois que beaucoup de choses invisibles sont aussi ici.

Ici est donnée la profonde leçon de l'acceptation sans préférence ni reniement,
Le noir avec ses cheveux crépus, le criminel, le malade, l'illettré, aucun d'eux n'est renié ;
La naissance, le médecin qu'on va chercher en hâte, le mendiant qui passe à pas lourds, l'ivrogne qui titube, la bande d'ouvriers joyeux,
L'adolescent échappé, l'équipage du riche, le gandin, le couple en fuite,
Le maraîcher matinal, le corbillard, le déménagement du mobilier pour la ville, le retour de la ville,
Ils passent, je passe aussi, tout passe, on ne peut interdire le passage à personne,
Il n'est personne qui ne soit accepté, il n'est personne qui ne me soit cher.

3

Toi, air, qui me fournis le souffle pour que je parle !
Vous, objets, qui empêchez mes pensées de se disperser et qui leur donnez forme !
Toi, lumière, qui m'enveloppes, moi et toutes choses, dans ton flot délicat et égal pour tous !
Vous, sentiers creusés par les pas dans les creux irréguliers au bord des routes !
Je crois que vous êtes secrètement chargés d'existences invisibles, vous m'êtes si chers !

Vous, rues dallées des villes ! vous, solides bordures des trottoirs !
Vous, bacs ! Vous, planches et pieux des débarcadères ! Vous, parois garnies de madriers ! vous, navires lointains !
Vous, rangées de maisons ! vous, façades percées de fenêtres ! vous, toits !
Vous porches et entrées ! vous, couronnements et chardons de fer des murs !
Vous, fenêtres dont la paroi transparente pourrait laisser voir tant de choses !
Vous, portes et perrons ! vous, arcades !
Vous, pierres grises des rues interminables ! vous, carrefours piétinés !
À tout ce qui vous a touchés, je crois que vous avez pris pour vous-mêmes quelque chose et que vous voudriez maintenant me transmettre secrètement cette même chose,
Que vous avez peuplé de vivants et de morts vos surfaces impassibles et que leurs âmes voudraient se manifester à moi et me témoigner de l'amitié.

4

La terre s'étend à droite et à gauche,
Le tableau vit, chaque partie apparaît sous son jour le plus favorable,
La musique s'ajoute où l'on a besoin d'elle et cesse là où l'on n'a pas besoin d'elle,
La voix joyeuse de la route publique, le sentiment frais et gai de la route.

Ô grand-route que je parcours, me dis-tu : « Ne me quitte pas ? »
Dis-tu : « Ne t'aventure pas – si tu me quittes, tu es perdu ? »
Dis-tu : « Je suis bien préparée, mon sol est bien battu et je suis acceptée de tous, reste-moi fidèle ? »
Ô route publique, je te réponds que je n'ai pas peur de te quitter, pourtant je t'aime,
Tu m'exprimes mieux que je ne puis m'exprimer moi-même,
Tu seras plus pour moi que mon poème.

Je crois que les actions héroïques ont toutes été conçues au grand air, et tous les libres poèmes aussi,
Je crois que je pourrais moi-même m'arrêter ici et faire des miracles,
Je crois que j'aimerai tout ce que je trouverai sur la route et que quiconque me verra m'aimera,
Je crois que quiconque je vois doit à coup sûr être heureux.

5

À partir de cette heure je décrète que je suis affranchi des limites et des lignes de démarcation imaginaires,

J'irai où il me plaira, je serai mon propre maître, absolu et total,
J'écouterai les autres, examinerai attentivement ce qu'ils disent,
Je m'arrêterai, observerai, accepterai, contemplerai,
Avec douceur, mais avec une volonté irrésistible, je me libérerai des étreintes qui voudraient me retenir.

J'aspire de grandes gorgées d'espace,
L'est et l'ouest sont à moi, et le nord et le sud sont à moi.

Je suis plus vaste et meilleur que je ne pensais,
Je ne savais pas que je contenais tant de qualités.

Tout me semble beau,
Je peux répéter encore et encore aux hommes et aux femmes :
« Vous m'avez fait tant de bien, je voudrais vous en faire autant,
Je vais en chemin puiser des forces nouvelles pour moi-même et pour vous,
Je vais en chemin me répandre parmi les hommes et les femmes,
Je vais jeter parmi eux une allégresse et une robustesse nouvelles,
Si quelqu'un me renie, cela ne me gênera pas,
Mais quiconque m'acceptera, homme ou femme, sera béni et me bénira. »

6

Si à présent mille hommes parfaits m'apparaissaient, cela ne me surprendrait pas,
Si à présent mille beaux corps de femmes m'apparaissaient, cela ne m'étonnerait pas.

Je vois à présent le secret de la formation des meilleurs,
C'est de se développer en plein air, de manger et de dormir en compagnie de la terre.

C'est ici qu'il y a place pour une belle action individuelle,
(Une telle action va droit au cœur de la race entière des hommes,
La force et la volonté qui s'en dégagent, submergent les lois et défient toute autorité et tout argument qu'on peut lui opposer.)

C'est ici que l'on fait l'épreuve de la sagesse,
La sagesse en définitive n'est pas mise à l'épreuve dans les écoles,
La sagesse ne peut passer de quelqu'un qui la possède à quelqu'un qui ne la possède pas,
La sagesse est du domaine de l'âme, on n'en peut faire la preuve, elle est elle-même sa propre preuve,
Elle s'applique à tous les états, à tous les objets, à toutes les qualités et se suffit à elle-même,
Elle est la certitude de la réalité et de l'immortalité des choses, et de l'excellence des choses ;
Il y a quelque chose dans la brume flottante qu'est le spectacle des choses qui la fait sortir de l'âme.

À présent je ré-examine les philosophies et les religions,
Il se peut qu'elles fassent l'affaire dans les salles de conférences et que pourtant elles ne fassent pas du tout l'affaire sous les vastes nuages, en face du paysage et des eaux qui s'écoulent.

C'est ici que l'on prend conscience,
C'est ici qu'un homme voit ce qu'il vaut – il comprend ici ce qu'il porte en lui,

Le passé, l'avenir, la majesté, l'amour – si tu es absent de
 cela, cela est absent de toi.

Seule nourrit la semence qui est au cœur de chaque
 objet,
Où est celui qui déchirera la cosse pour toi et pour moi ?
Où est celui qui défera les stratagèmes et les enveloppes
 pour toi et pour moi ?

C'est ici qu'on rencontre l'amitié masculine, elle n'est pas
 fabriquée d'avance, elle naît à propos de chaque être ;
Sais-tu ce que c'est d'être aimé par des inconnus qui
 te croisent ?
Connais-tu le langage de ces yeux qui se tournent vers
 toi ?

7

C'est ici que se produit l'efflux de l'âme,
L'efflux de l'âme vient du dedans par des portes cachées
 sous des berceaux de verdure, il provoque des questions incessantes,
Pourquoi ces désirs ? Pourquoi ces pensées qui vous
 viennent la nuit ?
Pourquoi y a-t-il des hommes et des femmes tels que
 lorsqu'ils sont près de moi, le soleil dilate mon sang ?
Pourquoi, lorsqu'ils me quittent, mon pavois de fête
 retombe-t-il faible et languissant ?
Pourquoi y a-t-il des arbres sous lesquels je ne me promène jamais sans que descendent sur moi de vastes et
 mélodieuses pensées ?
(Je crois qu'elles sont suspendues là à ces arbres, hiver
 comme été et que toujours elles laissent tomber des
 fruits lorsque je passe) ;

Qu'est-ce donc que j'échange si soudainement avec des inconnus ?
Avec ce cocher alors que je voyage sur le siège à côté de lui ?
Avec ce pêcheur qui tire sa seine le long du rivage alors que je passe par là et m'arrête ?
Qu'est-ce qui fait que je réponds à l'amitié d'un homme ou d'une femme ? Qu'est-ce qui fait qu'ils répondent à la mienne ?

8

L'efflux de l'âme est bonheur, ici on trouve le bonheur,
Je crois qu'il est répandu dans l'air, en perpétuelle attente,
À présent il coule en nous, nous voilà chargés comme il faut.

C'est ici qu'apparaît le caractère fluide et attachant,
Le caractère fluide et attachant est la fraîcheur et la suavité de l'homme et de la femme,
(Les herbes du matin ne poussent pas plus fraîches et plus suaves chaque jour du fond de leurs racines qu'il ne pousse continuellement frais et suave du fond de lui-même).
Vers le caractère fluide et attachant exsude la sueur de l'amour des jeunes et des vieux,
De lui tombe, distillé, le charme qui se rit de la beauté et du savoir,
Vers lui se soulève le désir frissonnant et douloureux d'un contact.

9

Allons ! qui que tu sois, viens, voyage avec moi !
En voyageant avec moi, tu trouveras ce dont jamais on ne se lasse.

La terre ne lasse jamais,
La terre est rude, silencieuse, incompréhensible au premier abord, la Nature est rude et incompréhensible au premier abord,
Ne te décourage pas, persévère, il y a là des choses divines soigneusement enveloppées,
Je te jure qu'il y a des choses divines plus belles que les mots ne sauraient dire.

Allons ! il ne faut pas nous arrêter ici ;
Quelque délicieuses que soient ces provisions amassées, quelque agréable que soit cette demeure, nous ne pouvons pas rester ici,
Quelque abrité que soit ce port et quelque calmes que soient ces eaux, nous n'avons pas le droit de jeter l'ancre ici,
Quelque accueillante que soit l'hospitalité qui nous entoure, il ne nous est permis d'en jouir que pendant un peu de temps.

10

Allons ! voici de plus puissantes raisons de partir,
Nous voguerons sur des mers inexplorées et sauvages,
Nous irons où soufflent les vents, où se brisent les vagues, et là où le clipper Yankee file toutes voiles dehors.

Allons ! à nous la puissance, la liberté, la terre, les éléments,
La santé, le défi, la gaieté, l'amour-propre, la curiosité ;
Allons ! loin des formules !
Loin de vos formules, ô prêtres matérialistes aux yeux de chauves-souris.

Le cadavre en putréfaction obstrue le passage – il ne faut pas attendre plus longtemps pour l'enterrer.

Allons ! Pourtant je te préviens !
Celui qui voyage avec moi a besoin d'une endurance, d'un sang, de muscles excellents,
Nul, homme ou femme, ne peut subir cette épreuve sans y apporter courage et santé,
Ne viens pas avec moi si tu as déjà dépensé le meilleur de toi-même,
Seuls peuvent venir ceux qui viennent avec un corps suave et résolu,
Aucun malade, aucun buveur de rhum, aucune tare vénérienne ne sont admis ici.

(Moi et les miens, nous ne convainquons pas à l'aide d'arguments, de comparaisons, de rimes,
Nous convainquons par notre présence.)

11

Écoute ! je serai honnête avec toi,
Je n'offre pas les prix faciles à obtenir d'autrefois, mais j'offre des prix neufs et difficiles,
Voici l'existence qui t'attend :
Tu n'amasseras pas ce qu'on appelle la richesse,
Tu répandras d'une main prodigue tout ce que tu gagneras ou acquerras,

Tu seras à peine arrivé dans la ville où tu te rendais, à peine installé à ta convenance que tu entendras un appel irrésistible qui te dira de partir,
Tu essuieras les sourires ironiques et les moqueries de ceux qui resteront derrière toi,
Quelles que soient les marques d'amour que tu reçoives, tu n'y répondras que par des baisers d'adieu passionnés,
Tu ne permettras pas que te retiennent ceux qui tendront vers toi leurs mains suppliantes.

12

Allons ! à la suite des grands Compagnons et pour être de leur nombre !
Eux aussi suivent la route – ce sont les hommes prompts et majestueux – ce sont les femmes les plus grandes,
Ils se plaisent sur les mers calmes comme sur les mers tempétueuses,
Marins de maints navires, marcheurs de maints chemins,
Habitués de maints pays lointains, habitués de très lointaines demeures,
Ils ont confiance dans les hommes et dans les femmes, ils observent les villes, ils peinent dans la solitude,
Ils s'arrêtent et contemplent les touffes d'herbe, les fleurs, les coquillages du rivage,
Ils dansent aux noces, embrassent les fiancées, veillent avec tendresse sur les enfants, donnent naissance aux enfants,
Soldats des révoltes, ils se tiennent au bord des tombes béantes, ils descendent les cercueils,
Ils voyagent d'une saison à l'autre, d'une année à l'autre, ces curieuses années dont chacune se dégage de celle qui la précédait,
Ils voyagent comme avec des compagnons, et ce sont les diverses phases d'eux-mêmes,

Ils s'avancent hors des jours latents et en germe de l'enfance,
Ils voyagent gaiement en compagnie de leur propre jeunesse, ils voyagent avec leur virilité barbue et robuste,
Ou bien voyagent avec leur féminité ample, insurpassée, satisfaite,
Ils voyagent avec leur vieillesse sublime d'homme ou de femme,
Vieillesse calme, épanouie, ample de toute l'ampleur hautaine de l'univers,
Vieillesse qui s'écoule libre grâce à la délicieuse et toute proche liberté de la mort.

13

Allons ! en route pour ce qui est sans fin comme sans commencement,
Pour endurer beaucoup, longues marches le jour, repos la nuit,
Pour les fondre dans le voyage vers lequel ils tendent, et les jours et les nuits vers lesquels ils tendent,
Pour les fondre encore dans un départ pour de plus grands voyages
Pour ne rien voir nulle part que tu ne puisses atteindre et dépasser,
Pour ne concevoir d'époque si lointaine qu'elle soit que tu ne puisses atteindre et dépasser,
Pour ne lever ou n'abaisser ton regard sur aucune route qui ne s'étende devant toi et ne t'attende, qui, quelque longue qu'elle soit, ne s'étende devant toi et ne t'attende,
Pour ne voir aucune existence, de Dieu ou de quiconque, que tu n'y parviennes aussi,
Pour ne voir aucune possession que tu ne puisses posséder, dont tu ne puisses jouir sans labeur ni achat, dont

tu ne puisses t'approprier la joie sans avoir à t'en approprier une seule parcelle,
Pour prendre ce qu'il y a de mieux dans la ferme du fermier, l'élégante villa du riche, le chaste bonheur du couple bien assorti, les fruits du verger et les fleurs du jardin,
Pour prendre ce qui te convient dans les cités compactes que tu traverseras,
Pour emporter des édifices et des rues avec toi partout où tu iras par la suite,
Pour cueillir dans les cerveaux l'esprit des hommes que tu rencontreras, pour cueillir l'amour dans leur cœur,
Pour emmener tes amants avec toi sur la route, bien que tu les laisses derrière toi,
Pour considérer l'univers lui-même comme une route, comme beaucoup de routes, comme des routes pour les âmes en voyage.

Tout s'écarte pour la marche des âmes,
Toutes les religions, toutes les choses solides, les arts et les gouvernements — tout ce qui a été ou est visible sur ce globe ou sur n'importe quel globe, se range dans des niches ou des recoins à l'approche de la procession des âmes sur les grandes routes de l'univers.

De la marche des âmes des hommes et des femmes sur les grandes routes de l'univers, toute autre marche est l'emblème et l'aliment nécessaires.
Toujours vivants, toujours en marche,
Majestueux, solennels, tristes, recueillis, déconcertés, déchaînés, turbulents, faibles, mécontents,
Désespérés, orgueilleux, aimants, dégoûtés, acceptés par les hommes, rejetés par les hommes,
Ils vont ! ils vont ! Je sais qu'ils vont, mais je ne sais pas où ils vont,

Mais je sais qu'ils vont vers le mieux – vers quelque chose de grand.

Qui que tu sois, avance ! Homme ou femme, avance !
Il ne faut pas rester là à dormir ou à muser dans la maison, même si tu l'as bâtie toi-même ou si on l'a bâtie pour toi.

Sors de ce noir emprisonnement ! Sors de derrière ce paravent !
Il est inutile de protester, je sais tout et je le révèle.

Vois en toi qui ne vaux pas mieux que les autres,
Vois derrière le rire, la danse, le dîner, le souper des gens,
Sous les vêtements et les ornements, sous ces visages lavés et parés,
Vois un dégoût et un désespoir cachés, silencieux.

Mari, femme ou ami, on ne se fie à aucun pour faire cet aveu,
C'est un autre soi-même, un double de chacun qui va se faufilant et se cachant,
Sans forme et muet par les rues des villes, poli et doucereux dans les salons,
Dans les wagons de chemins de fer, sur les bateaux, dans les assemblées publiques,
Jusque dans les demeures des hommes et des femmes, à table, dans la chambre à coucher, partout,
Habillé avec élégance, visage souriant, torse droit, la mort sous les côtes, l'enfer sous le crâne,
Sous le drap fin et les gants, sous les rubans et les fleurs artificielles,
En bons termes avec les usages, ne soufflant mot de lui-même.
Il parle de tout excepté de lui-même.

14

Allons ! lançons-nous dans les luttes et les guerres !
Le but qui a été assigné ne peut pas être décommandé.

Les luttes passées ont-elles réussi ?
Qu'est-ce qui a réussi ? toi ? ton pays ? la Nature ?
Mais, comprends-moi bien – il est stipulé dans l'essence des choses que de tout succès obtenu, quel qu'il soit, sortira quelque chose qui rendra nécessaire une lutte plus grande encore.
Mon cri est un cri de guerre, j'entretiens la rébellion active,
Celui qui vient avec moi doit être bien armé,
Celui qui vient avec moi souvent n'a que maigre chère, pauvreté, ennemis furieux, trahisons.

15

Allons ! la route est devant nous !
Elle est sûre – je l'ai essayée – mes propres pieds l'ont soigneusement essayée – que rien ne te retienne !
Que le papier reste blanc sur le pupitre et que le livre reste fermé sur le rayon !
Que les outils restent dans l'atelier ! que l'argent reste sans être gagné !
Que l'école reste où elle est ! ne t'occupe pas du cri de l'instituteur !
Laisse le prédicateur prêcher dans sa chaire ! laisse l'avocat plaider devant le tribunal et le juge exposer la loi.

Camerado, je te donne la main !
Je te donne mon amour qui est plus précieux que l'argent,

Je te donne moi-même qui vaux plus que le prêche ou la loi,
Veux-tu me donner toi-même ? Veux-tu venir en voyage avec moi ?
Allons-nous rester attachés l'un à l'autre aussi longtemps que nous vivrons ?

Feuilles d'herbe, 1855.

33.

Victor Segalen

Victor Segalen, qu'on a déjà vu attentif aux détails pratiques de la marche (voir supra, *p. 36), saisit avec beaucoup de justesse et d'intuition l'expérience de basculement à la fois visuel et physique que permet le passage d'un col de montagne.*

LE REGARD PAR-DESSUS LE COL

Me voici enfin à pied-d'œuvre, au pied du mont qu'il faut gravir. J'entends *souffler* de grands mots assomptionnels ; et le vent des cimes, et la contemplation de la vallée, la conquête de la hauteur, le coup d'aile… Cette exaltation vaudra-t-elle, à l'expertise, un seul coup de jambes sur le roc ? Je suis bel et bien au pied du mont. Du poète ou de l'alpiniste, lequel portera l'autre ou s'essofflera le plus vite ?

Déjà je m'aperçois que l'un et l'autre ont été prévenus, dépassés, devancés. Cette montagne a déjà servi. La vierge cime n'est plus impénétrée. Beau début pour le poète, qui, laissé libre, renâclerait tout aussitôt. N'importe : l'autre marche et va bon train dans le sentier. Le sentier, qui ne monte nullement tout d'abord, mais revient vers la vallée. Il faut donc accepter la route piétinée, même descendante, – car il n'y en a point d'autre, mais déjà elle se relève et prend un élan recueilli. Que c'est allégeant de monter, de sentir le poids du corps soupesé, lancé, gagné à chaque pas... Même je le lance un peu plus fort et un peu plus haut qu'il n'est besoin...

Et pourquoi ne pas monter tout d'un coup et courir tout d'une traite ? et d'un bon coup de talon dompter l'obstacle élastique et portant ? L'idée en est si bonne que je la suis, et perds le chemin. Je me débats dans des buissons piquants où les clochettes des mules méthodiques me rejoignent. À cent pas d'ici, sur la bonne route, les mules montent, passent et s'en vont de leur effort quotidien : deux cents livres, douze heures durant ; et je ne porte rien que mon corps. Je n'ai aucune grâce à sauter ainsi à l'aventure. Je les suivrai.

Mais, où vont-elles ? La cime à surmonter est droit au sud... et les voilà pointant vers des cardinaux moins nobles... J'arrête net tout le convoi.

– Où va-t-on ?

Et le chef des muletiers me montre bien le sud, que couronne le grand astre de midi.

– Alors, pourquoi pas droit au sud ?

Il ne sourit pas et disparaît obliquement. Il prend l'obstacle à la détournée... Le laisser aller ? Lui dire qu'il me trompe dans mon jeu franc ? Qu'il tourne le problème pour lequel je me suis rendu ici ?

« Se rendre ! » N'interrogeons plus les mots ou bien ils crèveront de rire d'avoir été gonflés de tant de sens encombrants... Cet homme s'en va noblement par ses chemins tortueux... Mais j'imaginais tout autre la domination divine de la montagne : jeter un pont d'air brillant de glace et planer en respirant si puissamment que chaque haleinée soulève et porte... Je n'en suis pas encore là...

J'ai peut-être confondu des verbes différents : « ascension, assomption… » ? Quel jeu médiocre de mots ! Une majuscule… un radical et voici les mêmes syllabes qui peignent l'envolée aux Cieux d'un dieu désincarné, enlevant d'un jet son corps glorieux pendant qu'une dalle de tombeau se renverse, et que des soldats casqués se frottent les paupières… et que dire de l'autre : assomption !

Je dois témoigner pourtant que ces mots comme tous autres ont leur vertu allégeante. Cependant que je les rumine, ils ont manifesté vraiment la valeur de leurs fonctions antiques… Me voici, sans m'en douter, beaucoup plus haut qu'au départ.

Pour en être certain, il me faut consulter le baromètre. Cette grosse montre sans heures sera désormais le témoin de mes « élévations ». Il marque 2 700. Je suis parti de 520. Je sais d'avance qu'il faut atteindre 3 003. La préciosité méticuleuse de ces chiffres me déconcerte. Cependant je ne puis m'en détacher. Ce n'est plus la route devant moi, ni la vallée peut-être splendide et que je ne verrai plus ; – mais le cadran bien divisé que je regarde et dévisage à presque chaque pas. Il n'y a plus que 200… plus que 150… plus que 130… ceci est mécanique et précis. En même temps, mon cœur, ma poitrine et ma tête oscillante ont compris le jeu de la montée et mesurent juste leur régime.

J'entends à peine le cœur me battre dans les tempes. Je souffle moins, et je ne pense presque plus. Les genoux, et les cuisses, qui avaient tout d'un coup pris une importance énorme, redeviennent poulies glissantes et lanières vivantes. – Et mes yeux, détournés de voir, s'intéressent exclusivement aux mouvements cycliques, horaire de gare, banal indicateur d'une aiguille sur un cadran… et si, pour m'en affranchir, je renverse le cou sur la nuque – mouvement inutile et douloureux – pour essayer de deviner où je vais... je n'aperçois qu'un fouillis de fourrés, sur un plan vert concave, entouré de tous côtés par des hauteurs peut-être dominées par d'autres... sans plus de traces de but ni de sentier... ni du point d'où je pourrai, – parvenu à l'autre versant, – jeter enfin ce regard par-dessus le col...

Le regard par-dessus le col n'est rien d'autre qu'un coup d'œil ; – mais si gonflé de plénitude que l'on ne peut séparer le triomphe des mots pour le dire, du triomphe dans les muscles satisfaits, ni ce que l'on voit de ce que l'on respire. Un instant, – oui, mais total. Et la montagne aurait cela pour raison d'être qu'il faudrait se garder d'en nier l'utilité pesante. Tout le détour de l'escalade, le déconvenu des moyens employés – ces rancunes sont jetées par-dessus l'épaule, en arrière. Rien n'existe en ce moment que ce moment lui-même.

Quelques pas avant d'y atteindre, et l'on s'avoue encore très dominé, très surmonté. Le sentier, qui n'a plus raison d'être fourbe, bute contre la hauteur qu'il doit enfin aborder franchement. Il ne faut pas renverser la tête en arrière et devancer du bond des yeux la marche enfin rythmique obtenue : il vaut mieux fixer les yeux sur ses pieds que dans le ciel. Ce sont des conseils de route, et vulgaires. Mais, atteindre le but au hasard est plus déconcertant que le manquer, et l'on sait à quel étonnement cela conduit. Il faut saisir le but dans un équilibre tel que l'ampleur en soit balancée et conquise ; il faut rester digne de lui : ni trop reposé jusqu'à l'oubli de la dépense, encore moins époumoné, ni épuisé – mais dans cet état désirable où la fatigue est plus que surmontée : dépassée ; dans cette ivresse palpitante et dynamique où le corps entier jouit de lui : les orteils, écarquillés comme dans le geste des sculptures antiques, se dilatent dans les sandales serrées aux chevilles... les épaules et la tête pèsent juste ce qu'il faut sur le dos, et les tempes battent d'allégresse, et le cerveau fiévreux de joie se comprend et se conçoit comme un organe heureux de vivre et digérant avec rigueur sa pensée... Alors, ne pas s'élancer, ne pas s'arrêter, mais donner à point le dernier coup de reins pour s'affermir sur la hauteur conquise, et regarder. Regarder avant, en respirant à son aise, en renforçant tout ce qui bourdonne des orgues puissantes et de la symphonie du sang, des humeurs mouvantes dans la statue de peau voluptueuse. C'est ainsi que la possession visuelle des lointains étrangers se nourrit de joie substantielle. C'est la vue sur la terre promise, mais conquise par soi, et que nul dieu ne pourra escamoter : – un moment humain.

Un moment magique : l'obstacle a crevé. La pesanteur se traite de haut. La montagne est surmontée, la muraille démurée. Le lieu borné n'a plus tout d'un coup d'autres bornes que la feinte prolongée de l'horizon. Deux versants se sont écartés avec noblesse pour laisser voir, dans un triangle étendu aux confins, l'arrière-plan d'un arrière-monde.

C'est tout à fait un autre monde. L'on grimpait jusque-là dans les étroits fourrés humides où des sources pétillent partout, avec l'angoisse, inverse de la soif – le supplice de l'eau – d'avoir plus à boire que l'on a soif. L'on heurtait souvent un versant vertical trop proche, et collé sur les yeux, mais voici que derrière le col, la large vallée descendante recule ses flancs creux et roses, ses flancs désertiques, desséchés par un autre régime des vents et du soleil. C'est, de nouveau, la promesse haletante de désirs altérés, l'espoir de tendre vers la source – que l'abondance des sources avait tari. C'est aussi la transmutation dans l'effort. Ayant, jusqu'ici, tout fait pour élever son corps, l'ayant porté à chaque pas, c'est maintenant le corps qui se déverse, chute et entraîne.

L'effort change bout pour bout comme un sablier. Les genoux qui soulevaient vont recevoir. Les jarrets actifs se font amortisseurs. Les bras nagent dans un équilibre entrecoupé de cascade, et le regard, précurseur aux bonds de dix lieues, plane et se pose à volonté sur cet espace. Ceci est peut-être le symbole physique de la joie ? La descente aurait-elle plus de joie que l'effort à la hauteur, et cette vertu paradoxale de prolonger ce moment essentiellement bref : le regard par-dessus le col ?

Non. La descente est une chute déguisée, entrecoupée, et sans même la beauté du vertige. La dévalée n'est qu'un emprunt au saut de chèvre, une glissade raccrochée aux pierres et aux ronces. Descendre est voisin de déchoir. Et rien ne vaut ce que j'imaginais. Vite, les mouvements nouveaux, répétés et identiques, deviennent insupportables. Les genoux se font douloureux, les chevilles tournent et vacillent si je ne crispe la jambe pour éviter, à chaque pas, le faux pas. Alors, le moindre bout de sentier plat est reposant, et agréable, et, s'il remonte, fait regretter tous les mérites de l'effort ascensionnel. Même, si la route n'était point la route, c'est-à-dire impérieusement tendue vers ce point imaginaire, – hors des monts et des ravins, – l'autre but, volontiers je me retournerais vers la hauteur d'où je dévale pour escalader à rebours et regagner le col. Le dévers a compensé et mis en valeur balancée la puissance montante de l'avers, et démontré surtout l'incomparable harmonie, la plénitude, l'inouïe de ce moment fait de contraires, le premier regard par-dessus le col.

Équipée, 1929.

34.

Sylvain Tesson

Sylvain Tesson est un des derniers écrivains voyageurs : il préfère, quand il marche, emporter avec lui des carnets plutôt qu'une caméra. Son expérience de solitaire lui permet simultanément une saisie à vif de la modernité civilisée, dans ses travers, des descriptions de l'intensité sauvage, et des explorations intérieures.

LE BONHEUR D'ÊTRE EN ROUTE

Quelle que soit la direction prise, marcher conduit à l'essentiel. Épouser l'existence du *wanderer* (même par intermittence) invite à consacrer toutes ses forces à assouvir des besoins élémentaires. Se nourrir, s'abreuver, s'orienter, se garder du chaud, se garder du froid, trouver un gîte, se prémunir des fauves sont des préoccupations oubliées par les foules civilisées occupées à goûter la paix du soir dans la douce atmosphère du petit cap européen (cependant, disent certains oiseaux de mauvais augure, que la nuit alentour avance à grands pas, mais c'est une autre histoire). Seule la pratique de la piste rappelle l'importance de ces questions. Pour le *wanderer* solitaire, elles deviennent même une obsession, teintée d'excitation. Il y a une jouissance à obéir aux contraintes imposées par le voyage et le vagabond est heureux de se soumettre à la discipline de son vagabondage. Sans hésitation, il accepte les injonctions du corps : l'obligation de gagner la halte avant la nuit, ou la nécessité de trouver la meilleure pâture pour sa bête, ou encore l'impératif de ne pas s'arrêter avant le soixantième kilomètre abattu... Il aime concentrer toute sa force d'action à satisfaire un seul objectif.

Sur les plateaux arides de la haute Asie, il m'est arrivé de n'avoir rien d'autre en tête pendant un jour entier que l'envie d'étancher ma soif. Je me consacrai alors corps et âme à trouver un puits. J'avais la piste, j'avais un but, rien d'autre. Et j'allais ainsi à travers le pays, le mors aux dents, lancé comme une flèche vers un objectif unique (l'eau), les muscles en fusion, accédant à une tension de tout l'être. J'aime voyager fébrilement, les sens aux aguets, aiguisés pour ne pas rater la moindre parcelle du spectacle qui défile. On m'oppose souvent la supériorité des errances sans but sur les voyages menés vers une cible à atteindre. Mais j'ai toujours préféré la nervosité clairvoyante de *l'homme pressé* (au sens de l'homme en marche) à la nonchalance du sage chinois.

Conséquence logique de ce désir de tension : je n'aime pas trop les haltes dans les délices de Capoue, les séjours sédentaires et paresseux dans les villes. Les taillis des grands bois offrent de meilleures délices. Sitôt rassasié de plaisirs, je veux retrouver l'air rapicolant : celui du *grand dehors* selon Stevenson qui est seul digne de la *grande santé* selon Nietzsche ! À fréquenter des stations trop accueillantes, je suis condamné à l'insatisfaction car j'ai le ventre trop vide en y arrivant et le ventre trop plein en les quittant. J'oscille de l'inanition à l'écœurement. Le juste milieu n'existe pas pour les errants. Et peu importe qu'il n'existe pas car le vagabond ne fait pas grand cas de son bien-être. Il n'écoute pas trop l'écho de ses douleurs. Comme les Mongols, ces fils du vent, il pense que *la terre est dure et le ciel lointain*, mais il apprécie que la première lui serve de paillasse et le second d'auvent. Il est prêt à leur sacrifier ses articulations. Le Knulp de Hesse préfère errer dans les forêts jusqu'à la mort au lieu de finir paisiblement ses jours dans la tiédeur de l'hôpital. Une fois à l'agonie, adossé au tronc de sapin sous la neige, il reçoit la visite de Dieu qui le réconforte : il a eu raison de négliger les supplices de son corps usé et de mener envers et contre tous cette vie libre par les plus vastes vaux et les monts les plus hauts ! J'aimerais atteindre l'extinction totale de la pitié envers moi-même. T.E. Lawrence a pu fomenter la révolte arabe grâce à son mépris du corps. Il cuisait les plaintes de sa carcasse dans « la brûlure purificatrice de l'action ». Une fois son corps rendu à l'état de loque, il le relevait brutalement, le remettait en selle et cravachait sa bête pour un nouveau rezzou.

Le vagabond ne peut se permettre trop d'égards envers lui-même. L'amour de soi, comme l'excès de loukoums, est une entrave à l'action.

Paradoxalement, pousser la résistance dans ses retranchements, ne pas prendre garde aux signaux d'alerte de son corps lave l'organisme. La marche forcée agit comme l'alambic, fait circuler le sang et dissout les poisons. En Sibérie, après des nuits de vodka, je me nettoyais avec quarante ou cinquante kilomètres de marche quotidiens. D'ailleurs, je n'emporte jamais la moindre pharmacie dans l'immensité du monde.

Les gens imaginent que l'errant va le nez au vent. Pourtant c'est avec rigueur qu'il trace sa route. Il faut de la discipline pour ne pas céder à l'envie d'une halte. Il faut de la méthode pour gagner le rythme nomade, cette cadence nécessaire à l'avancée et qui aide le marcheur à oublier sa lenteur. Lors de mes traversées transcontinentales, je m'efforçais ainsi de tenir un décompte très précis de mon kilométrage, de ne jamais prendre de repos plus long que ce que je m'étais accordé préalablement, de ne pas marcher moins que ce que j'avais prévu, de disposer toujours de la même façon mes effets au bivouac, de réciter dans le même ordre ma cargaison de poèmes... Minuscules stratagèmes qui constituent la Règle monastique du voyageur. Voyager, ce n'est pas choisir les ordres, c'est faire entrer l'ordre en soi.

La vie vagabonde – ce rassemblement d'énergie tendue vers *un seul* but – réserve au *wanderer* un autre type de plaisir, situé, lui aussi, sur le mode réductionniste et qui consiste à n'avoir pas d'autres obstacles devant soi que ceux dressés par les éléments. Pas d'autres luttes à mener que contre les reliefs ou les humeurs du ciel. « Je ferai la bataille, je passerai les fleuves », rêvait la Jeanne de Péguy avant de s'en aller à l'ennemi. « Je ferai la bataille aux fleuves et aux plaines », répond le vagabond. Les embûches au-devant desquelles il se porte de plein gré sont les cols, les marais, les gués profonds, les pierriers, les tempêtes. Ce sont les forces bureaucratiques de la Nature, disposées çà et là pour compliquer le passage. Seules herses qui vaillent d'être affrontées. Les autres barrières, celles dressées par les hommes – les frontières fermées par exemple –, sont à fuir. Elles sont les métastases de l'Administration, cette gorgone inventée pour servir les hommes mais qui s'est retournée contre eux.

Tous ces bonheurs que le *wanderer* rafle dans sa course, il les concentre, le soir, sur la page de son cahier. C'est la promesse de ce rendez-vous vespéral avec une page vierge qui l'incite, le jour durant, à mieux faire provision de ce qui l'entoure. Pour le marcheur au long cours, l'écriture est le plus intense moment d'apaisement. Le point d'orgue posé sur la portée du jour. Les muscles se reposent sur le cahier. L'esprit se réfugie dans l'agréable fouille de la mémoire. En écrivant, le soir, le voyageur continue sa route sur une autre surface, il prolonge son avancée sur le plan de la page. Tout comme lorsqu'il abat les kilomètres pas à pas, il trace son sillon ligne à ligne. Ses yeux suivent la course de sa plume comme ils fixeraient le sillage d'un bateau. Dans la même solitude, il va sur son terrain d'aventure le jour, et sur son terrain d'écriture le soir. Le rituel est toujours le même quand la nuit vient : s'arrêter sous la yourte, sous l'isba ou dans la cabane en bambous, bref, là où s'ouvre une porte. Demander une bougie.

Ouvrir son cahier en papier de riz (économie de poids) couvert d'une écriture très fine (économie d'espace) et de phrases très brèves (économie de style). Écrire longuement sous l'œil des hôtes silencieux (économie de mots) qui contemplent la fixation en temps réel sur la page blanche des événements et des émois du jour. Au sujet de l'économie de style, toujours se souvenir de la sobriété avec laquelle écrivaient les marchands de la soie, les marins portugais ou les explorateurs arabes quand ils rendaient compte de leurs tribulations à leurs princes. Cinq ou six mois de marche et de lutte dans les vallées les plus reculées du Cachemire étaient ainsi décrits par des Jésuites portugais : « De la vallée de l'Indus au N'gari tibétain à travers une région inconnue : rien de significatif à rapporter à Sa Majesté. »

Le noircissement de mes cahiers a toujours fasciné ceux de mes hôtes qui appartenaient à des peuples nomades sans tradition écrite : beaucoup ne verront plus jamais dans leur vie tant de mots jetés sur un papier d'un seul coup. Lors de mes premiers voyages, l'écriture du soir était une corvée à laquelle je m'astreignais parce que j'avais compris que c'eût été accorder trop de confiance à ma mémoire que de se passer de notes. La besogne forcée est devenue discipline puis un plaisir et finalement un besoin.

Pour la paix du soir, au côté de mon cahier de riz, je dispose d'une flûte à bec. En plastique, de petit format, noire, imputrescible ; je ne m'en sépare jamais. J'en ai joué partout. Sur des remparts, dans les postes de flic, les souterrains de calcaire, à la proue d'un navire où nageaient les dauphins de Majorque, devant mes chevaux, sous des arcs brisés, sous d'autres, ogivaux, dans une mosquée ouzbèke… Je joue des airs irlandais pour la gaieté, des airs russes pour la mélancolie, des airs classiques pour l'agilité des doigts. Le cahier de riz et la flûte à bec sont avec le bâton de pin et le chapeau à plume les quatre seules choses indispensables à la vie dans les bois.

Petit traité sur l'immensité du monde, 2005.

35.

Kenneth White

Kenneth White, essayiste d'origine écossaise, vivant en France depuis les années 1980, a théorisé la « géopoétique », un art de la sensibilité aux choses de la terre, voyage dans l'écriture et écriture du voyage. Il n'a jamais cessé de voir dans la marche la seule rencontre décisive du monde.

AUX FRONTIÈRES DE L'ÊTRE

Je connais un sentier qui commence au Rozier, à la confluence du Tarn et de la Jonte, et qui monte jusqu'au causse Méjean – j'aime l'appeler « le chemin de lumière », ou encore « le sentier du vide ». Je m'explique, ou plutôt, non, je décris, pas à pas :

> Grand silence solaire. On commence à monter, dans un bruit de cailloutis et à travers de petits chênes vers Capluc, ce village perché autour de son rocher, *Caput lucis*, tête de lumière (c'est par là que les premiers rayons du soleil entrent dans la vallée). L'ascension se fait, évidemment, au pas de montagnard, lent, régulier. On passe à travers le village ruiné de Capluc, et on continue à monter à travers les pins, contournant des rochers aux formes grotesques. Le deuxième souffle s'est installé et on entre, non pas dans un état second certes, mais dans une profondeur méditative

faite de régularité, de monotonie qui n'empêche pas de remarquer toutes sortes de détails, au contraire : ici, une campanule solitaire, là, un lézard, partout les veines des rochers et des arbres. Et des bribes de pensées passent comme des nuages, parfois des éclairs, dans le cerveau, alors que des éléments de langage se lient au passage : rochers et racines, essences et silences... On continue son chemin, qui zigzague entre les deux vallées, dont toutes les deux offrent des orgies pour l'œil : parois flamboyantes, escarpements rutilants, toutes les formes et toutes les couleurs que peuvent créer la dislocation et la chimie de la terre. Espace premier, terre de lumière... Tout à coup, *pff, pff, pff,* et c'est deux grands corbeaux, *kroak, kroak, kroak,* qui passent. Plus haut encore, ce sera trois vautours fauves, planant silencieusement, avec seul un léger battement d'ailes de temps à autre – et, dans leur voisinage, prêt à partager le même charnier, un *peyriblonc* (père blanc), c'est-à-dire un circaète...

Voilà le compte rendu, tel qu'il est consigné dans mes carnets de route (j'en ai des dizaines : trempés par la pluie, blanchis par le soleil et l'eau de mer, crissant de sable), d'une marche faite il y a quelques années dans les Cévennes.

Ce texte présente « l'état de l'art » tel que je le conçois.

Que marche et pensée soient, ou puissent être en relation, et en relation féconde, est facile à démontrer. On peut remonter jusqu'à Aristote, dont l'enseignement, comme tout le monde sait, se faisait en « suivant des sentiers » *(peri patos).* Mais un exemple encore plus frappant est celui de Nietzsche, pour qui la pensée était inconcevable sans la pratique de la marche (que l'on pense à ses expériences sur le plateau de l'Engadine). On peut penser aussi aux promenades quotidiennes de Thoreau dans les bois de Walden. À la périomanie, ou dromomanie de Rimbaud, notamment dans les Ardennes. Mise en branle, la machine physique arriverait-elle à penser autrement ?

Pourrait-on même se risquer à suggérer que, sédentaire, l'esprit engendre des systèmes, tandis que, en mouvement, dehors, il s'ouvre à l'idée d'une évolution plus complexe dans un monde ouvert ? Nous approchons là de la géopoétique. Voici Husserl, dont le réductionnisme phénoménologique représente le début d'un tournant dans la philosophie moderne, parlant, à sa manière encore philosophante, dans un texte intitulé « Le monde au présent vivant », du mouvement à travers l'espace : « Toutes les kinesthèses sont en jeu, [...] et maintenant s'accomplit l'élargissement [...] de la sphère-de-proximité à un monde spatial [...] ouvert à l'infini. » Voici Giono, dans sa collection d'essais *L'Eau vive* : « Les pays ont une noblesse qu'on ne peut connaître que par l'approche et par une fréquentation amicale. Et il n'y a pas de plus puissant outil d'approche et de fréquentation que la marche à pied. » Il y va de quelque chose qui n'a rien en commun avec le « footing » surhygiénique d'un côté, ou le *Wandervögeltum* sous-romantique de l'autre. Un marcheur est bien sûr quelqu'un qui marche, mais c'est aussi quelqu'un qui se situe dans les marches, disons, aux frontières de l'être.

Marche et Paysage, 2007.

36.

Émeric Fisset

Émeric Fisset est un autre grand marcheur solitaire contemporain à refuser les facilités de la technique et des communications et à faire de la marche une aventure extrême : au bout du monde, au bout de la fatigue et de soi-même. Il a parcouru à ce jour plus de 30 000 kilomètres à pied, notamment à travers toute l'Europe, en Asie du Sud-Est et dans le Grand Nord américain.

Personne ne marche par le seul pouvoir de ses pieds

S'arrêter revient à s'exposer au risque de ne plus avoir la force de repartir ni le courage de braver les éléments. Le corps le sait, qui tient le coup tant qu'il doit parvenir à l'étape où se ravitailler et qui, au lendemain de son arrivée, se relâche et se trouve soudain perclus de douleur. Au cours d'une traversée d'un an de l'Alaska, j'ai marché six semaines comme un ours dans la toundra et comme un orignal dans la taïga, me jouant des rivières, des pentes et des éboulis du parc national des Portes de l'Arctique, vaste comme la moitié de la Suisse. Six semaines entre un village d'Eskimos iñupiat au nord et, par-delà la chaîne de Brooks, un village d'Indiens athapascans au sud, six semaines sans une piste humaine, à connaître la faim qui rend les jambes molles et le cerveau aboulique. Et, sachant dès le départ que j'avais 600 kilomètres de solitude extrême à couvrir, j'ai tenu pendant ces six semaines. Mais, sitôt parvenu au confluent des rivières où se niche le modeste village d'Allakaket, mes pieds, gonflés par l'humidité constante des marécages auxquels je les avais exposés, doublèrent de volume au point qu'il me fut impossible plusieurs jours durant de renfiler mes rangers. Loin en aval, j'atteignis un autre village après dix jours de marche au flanc de la rive droite du Yukon avant de m'y effondrer, un genou tuméfié. Tant que le corps du voyageur à pied sait qu'il n'a d'autre recours que le puits ou le campement annoté sur sa carte, d'autre refuge que la localité où il a prévu de se réapprovisionner, il est si vaillant qu'à quelques heures de son arrivée il ne peut imaginer le marasme qu'il connaîtra au réveil le lendemain. Toute-puissance du psychisme ! Personne ne marche par le seul pouvoir de ses pieds.

L'Ivresse de la marche, 2008.

C'EST LE VOYAGE QUI JUSTIFIE LE PASSAGE DU VOYAGEUR

Comme son dénuement, qui l'apparente plus au vagabond qu'à l'homme en quête, sinon de sagesse, du moins de vérité, cette sincérité du marcheur joue parfois contre lui. Qu'un être se contente d'un sac et de godillots pour équipement, d'un quignon et d'une pomme pour nourriture, du grand air et de sourires pour viatique, n'est-ce pas suspect ? Ce passant n'est-il pas louche ou simplet ? Ne cache-t-il pas quelque chose, lui qui, visiblement, n'a rien à cacher ? Un étranger entouré d'une équipe logistique ou de tournage, cela est clair : il n'a pas à justifier sa démarche, surtout si un dossier de presse s'en charge pour lui. Mais un homme seul sous la pluie, fatigué et affamé de surcroît, cela n'a guère de sens dans une société où la liberté s'exprime par les loisirs, c'est-à-dire par des activités le plus souvent organisées, encadrées, limitées dans le temps et dans l'espace. Car c'est la liberté que revendique le voyageur à pied : sa liberté de mouvement, sa liberté de regard, sa liberté d'esprit. Il n'est pas en week-end ni en vacances : il est en route, sur la route qu'il s'est choisie et qu'il arpente par le pouvoir de sa seule résolution.

Ce qui paraît difficile à concevoir en Occident l'est tout autant, mais pour d'autres raisons, partout ailleurs dans le monde. Comment le paysan courbé sur son lopin de terre ou le pasteur veillant sur son troupeau pourrait-il croire qu'un être sans travail parvienne à subsister et à abandonner longuement sa famille, ses amis, sa tribu ou son ethnie en somme, sans se sentir immensément seul au monde ? Mort au monde... Il faut donc que le piéton réussisse à faire comprendre à ses interlocuteurs que tel geste, tel détail de l'habillement, telle coutume dont il est à l'instant même le témoin donne une forme de justification à sa venue, à ses efforts, au risque qu'il a pris de venir jusque-là. Et que l'accueil de ses hôtes, celui qu'on lui prodigue à l'instant même, compense par sa chaleur et sa générosité les liens familiaux qu'il a volontairement dénoués. En définitive, que ce n'est pas le voyageur qui porte en lui la justification de son voyage mais qu'à l'inverse, c'est le voyage, grâce à l'intensité de l'instant vécu et de la relation établie, qui justifie jour après jour le passage du voyageur.

L'Ivresse de la marche, 2008.

37.

David Le Breton

David Le Breton est anthropologue, sociologue du corps. Il a étudié en particulier le double mouvement par lequel les sociétés contemporaines d'une part évitent, oublient le corps comme pesanteur, finitude, présence, et d'autre part exaltent un corps artificiel et superficiel. La marche apparaît alors, dans le monde de la vitesse et de l'instantanéité, comme une manière de retrouver la mesure archaïque de l'immensité (et de la beauté) du monde : le pas.

Une expérience sensorielle totale

La marche réduit l'immensité du monde aux proportions du corps. L'homme y est livré aux seules ressources de sa résistance physique et de sa sagacité à emprunter le chemin le plus propice à sa progression : celui qui autorise le mieux à se perdre s'il fait de l'errance sa philosophie première, ou celui qui mène au terme du voyage avec le moins d'embûches s'il se contente seulement de se déplacer d'un lieu à l'autre. Comme toutes les entreprises humaines, même celle de penser, la marche est une activité corporelle, mais plus que les autres elle engage le souffle, la fatigue, la volonté, le courage devant la dureté des routes ou l'incertitude de l'arrivée, les moments de faim ou de soif quand nulle source n'est à portée des lèvres, nulle auberge, nulle ferme pour soulager le chemineau de la fatigue du jour.

Si le marcheur parcourt infiniment l'espace, il accomplit un périple égal à travers son corps qui prend la proportion d'un continent dont la connaissance est toujours en chantier. Il participe de toute sa chair aux pulsations du monde, il touche les pierres ou la terre de la route, ses mains se portent sur les écorces ou trempent dans les ruisseaux, il se baigne dans les étangs ou les lacs, les odeurs le pénètrent : odeurs de terre mouillée, de tilleul, de chèvrefeuille, de résine, fétidité des marécages, iode du littoral atlantique, nappes d'odeurs de fleurs mêlées saturant l'air. Il sent l'épaisseur subtile de la forêt que recouvre l'obscurité, les effluves de la terre ou des arbres, il voit les étoiles, et connaît la texture de la nuit, il dort sur le sol inégal. Il entend le cri des oiseaux, le frémissement des forêts, les bruits de l'orage ou les appels des gamins dans les villages, les stridulations des cigales ou le craquement des pommes de pin sous le soleil. Il connaît la meurtrissure ou la sérénité de la route, le bonheur ou l'angoisse de la tombée de la nuit, les blessures dues aux chutes ou aux infections. La pluie mouille ses vêtements, trempe ses provisions, embourbe le sentier ; le froid ralentit sa progression, le force à la confection d'un feu pour se réchauffer, mobilise tous ses vêtements pour le couvrir ; la chaleur colle sa chemise sur sa peau, la sueur coule sur ses yeux. La marche est une expérience sensorielle totale ne négligeant aucun sens, pas même le goût pour qui connaît les fraises des bois, les framboises sauvages, les myrtilles, les mûres, les noisettes, les noix, les châtaignes, etc., selon les saisons.

Jamais la nourriture n'est aussi savoureuse, même réduite, qu'au moment de la halte qui suit l'effort fourni depuis des heures. La marche transfigure les moments ordinaires de l'existence, elle les invente sous de nouvelles formes.

Éloge de la marche, 2000.

38.
Rebecca Solnit

Journaliste et écrivain américaine, vivant à San Francisco, Rebecca Solnit a livré, avec son Art de marcher, *un essai érudit et vivant sur la marche à pied, dans ses dimensions historique, culturelle et politique. Elle montre, dans un des derniers chapitres, comment « marcher ensemble », occuper l'espace public par une manifestation, constitue un acte politique majeur.*

Marcher ensemble

Toute marche collective associe le langage du pèlerinage, dans lequel on s'engage pour affirmer sa foi, celui de la manifestation de travailleurs, qui affirme la force du groupe et sa détermination, celui du festival qui abolit les barrières entre inconnus. Marcher est alors un moyen de témoigner. Les défilés et les processions ont souvent un caractère de commémoration, et ces déplacements à travers la ville organisés en l'honneur d'événements passés tissent ensemble le temps et l'espace, la mémoire et les futurs possibles. Ils les associent dans une totalité vitale, un espace cérémoniel où l'histoire peut se faire. Le passé est en effet la base sur laquelle se construit le futur, et l'oubli de cette vérité oblitère bien souvent l'avenir. Les plus inoffensifs des défilés répondent à ce devoir de mémoire ; celui de la Saint-Patrick, qui se déroule depuis plus de deux siècles à New York, permet à ses participants d'affirmer leurs convictions religieuses, la fierté de leurs origines, la force de leur communauté autrefois marginalisée ; il en va de même pour la grande parade haute en couleur du Nouvel An chinois à San Francisco ou pour les cortèges monstres organisés à travers le pays le jour de la Gay Pride. De tout temps les défilés militaires furent des démonstrations de force destinées, selon les cas, à flatter l'orgueil de la tribu ou à intimider les citoyens. En Irlande du Nord, les orangistes célèbrent les victoires protestantes d'antan en envahissant plus que symboliquement les enclaves catholiques, tandis que de leur côté les catholiques enterrent leurs morts au cours de processions éminemment politiques.

Les jours normaux, chacun de nous marche, seul ou en petits groupes de deux à trois personnes, sur les trottoirs de rues dévolues à la circulation et au commerce. Les grands jours (aux dates anniversaires d'événements historiques et religieux, ou lorsque nous décidons d'écrire nous-mêmes l'histoire), nous défilons tous ensemble et martelons sur le pavé le sens à attribuer à cette journée. La marche qui, au gré des circonstances, est aussi prière, acte sexuel, communion avec la nature, flânerie, devient discours dans les manifestations et les soulèvements de rue : des pages et des pages d'histoire furent imprimées par les pieds des citoyens marchant à travers leurs villes. Cette démonstration physique des opinions politiques et culturelles est peut-être la plus universelle des formes d'expression publique. La marche, ici, est bien défilé, puisque tous les participants se dirigent d'un même mouvement vers un but commun, mais ce faisant ils ne renoncent pas à leur individualité, contrairement aux soldats dont le pas cadencé est le signe qu'ils sont interchangeables et tous placés sous l'autorité suprême du chef. Le défilé civil ou laïque indique à l'inverse qu'il existe un terrain d'entente possible entre des gens n'ayant pas cessé d'être différents les uns des autres, mais qui, ensemble, donnent enfin voix à l'opinion publique. Quand les mouvements du corps deviennent ainsi forme d'expression, les distinctions d'usage entre les paroles et les actes, les représentations et les actions, s'estompent, et la marche collective peut elle aussi être qualifiée de liminale : c'est une des manières possibles de franchir le seuil qui sépare le réel du symbolique, d'entrer dans l'histoire, parfois.

Seuls peuvent se révolter les citadins à qui la ville est assez familière pour qu'ils en connaissent aussi le territoire symbolique. On oublie généralement que « le droit du peuple à s'assembler pacifiquement » est cité dans le premier amendement de la Constitution des États-Unis, à côté de la liberté de la presse, de la liberté de parole et de la liberté religieuse. Les entraves qu'opposent à ce droit les aménagements urbains, la place accordée à l'automobile et quantité d'autres facteurs sont rarement dénoncées par les défenseurs des droits civiques. Pourtant, la suppression des espaces publics débouche à terme sur l'élimination du public ; l'individu cesse alors d'être un citoyen, capable en tant que tel de vivre et d'agir avec ses concitoyens. Le sentiment d'avoir quelque chose en commun avec des étrangers est en effet à la base de la citoyenneté, de même que la confiance partagée est le ciment de la démocratie. Or, l'espace public est précisément celui que nous partageons avec d'autres, des inconnus, et son abolition a des effets tangibles, sensibles. Los Angeles a connu des émeutes terribles (celles de Watts en 1965, de Rodney King en 1992), mais ces soulèvements populaires pourtant impressionnants sont restés des événements sporadiques, isolés. Infiniment étendue, dépourvue de vrai centre, la ville ne possède ni l'espace symbolique où l'action devient efficace, ni la dimension piétonnière qui est une des conditions de la vie publique. San Francisco, le « Paris de la côte Ouest » comme on l'appelait autrefois, est au contraire régulièrement le siège de grandes parades, de processions, de manifestations, de marches et autres activités publiques organisées dans les quartiers du centre. À la différence de Paris, ce n'est toutefois pas une capitale, et elle n'est donc pas en position d'ébranler la nation et le gouvernement fédéral.

L'Art de marcher, 2002.

Sources des textes

Techniques de marche

Marcel MAUSS, *Sociologie et anthropologie*, « Les techniques du corps », PUF, 1950, p. 367-368. © PUF, 1950.

Honoré de BALZAC, *Études analytiques*, « Théorie de la démarche », Éditions Gallimard, collection « Bibliothèque de la Pléiade », 1981, tome XI, p. 290-292.

Victor SEGALEN, *Équipée* [Plon, 1929], in *Œuvres complètes*, tome II, Robert Laffont, collection « Bouquins », 1995, chapitre XII, p. 285-287.

Jacques LANZMANN, *Fou de la marche*, Robert Laffont, 1985, p. 145-146. © Robert Laffont, 1985.

Jacques LACARRIÈRE, *Chemin faisant*, Fayard, 1977, p. 17-20. © Librairie Arthème Fayard, 1977.

Édith de LA HÉRONNIÈRE, *La Ballade des pèlerins*, Mercure de France, 1993, chapitre II « Déroutement », p. 83-85. © Mercure de France, 1993.

Alexandra DAVID-NÉEL, Lama A. Yongden, « Mystiques et magiciens du Tibet », in *Dieux et démons des solitudes tibétaines*, Plon, 2004, chapitre VI, p. 214-217. © Plon, 2004.

Promenades

Marcel PROUST, *Du côté de chez Swann*, Combray II ; Éditions Gallimard, collection « Quarto », p. 112-114.

William HAZLITT, *Liber amoris et autres textes*, « Partir en voyage », traduction Guillaume Villeneuve, José Corti, 1994, p. 65-70. © José Corti, 1994.

Karl Gottlob SCHELLE, *L'Art de se promener*, traduction Pierre Deshusses, Rivages Poche, 1996, chapitres II et III, p. 31-38. © Payot et Rivages, 1996.

Robert WALSER, *La Promenade* [1917], traduction Bernard Lortholary, Éditions Gallimard, 1987, collection « Folio », p. 121-131. © Éditions Gallimard.

Flâneries

Pierre SANSOT, *Du bon usage de la lenteur*, « Flâner », Rivages Poche, 2000, p. 33-42. © Payot et Rivages, 2000.

Paul AUSTER, *Cité de verre* (*City of Glass*, 1985), traduction Pierre Furlan, Actes Sud, 1985, chapitre I, p. 5-7. © Actes Sud, 1985.

Léon-Paul FARGUE, *Le Piéton de Paris*, Éditions Gallimard, collection « L'Imaginaire », 1932, p. 72-76. © Éditions Gallimard.

Walter BENJAMIN, *Paysages urbains*, « Paris, la ville dans le miroir », in *Sens unique*, traduction Jean Lacoste, Éditions Maurice Nadeau, 1978, p. 286-290. © Éditions Maurice Nadeau, 1978.

Expéditions

Gustave Flaubert, *Par les champs et par les grèves*, in *Voyages*, Arléa, 1998, p. 134-135 et p. 193-198.

Robert Louis STEVENSON, « Randonnées à pied », traduction Jacques Parsons, in *Voyages avec un âne dans les Cévennes* [1879], UGE / 10-18, 2000, p. 237-248. © Éditions 10/18, département d'Univers Poche, 1978.

Gustave ROUD, *Petit traité de la marche en plaine*, in *Essai pour un paradis*, L'Âge d'homme, 1984, p. 67-68 et 83-86. © L'Âge d'homme, 1984.

Slavomir RAWICZ, *À marche forcée* [1956], traduction Éric Chédaille, Éditions Phébus, 2002, chapitre XVII, p. 336-338. © Éditions Phébus, 2002.

Trois philosophes marcheurs

Jean-Jacques ROUSSEAU, *Les Confessions*, GF-Flammarion, p. 87-89 ; 201-202 ; 212-213 ; 133-135 ; 151-153.

—, « Troisième lettre à M. de Malesherbes », in *Œuvres complètes*, t. I, Éditions Gallimard, collection « Bibliothèque de la Pléiade », 1959, p. 1139-1140.

Henry David THOREAU, *De la marche*, traduction de l'anglais, notes et postface par Thierry Gillybœuf, Mille et une nuits, 2003, p. 7-20 et 25-43. © Mille et une nuits 2003, département de la Librairie Arthème Fayard, pour la traduction française.

— *Balade d'hiver*, traduction, notes et postface par Thierry Gillybœuf, Mille et une nuits, 2007, p. 8-15. © Mille et une nuits, 2007, département de la Librairie Arthème Fayard, pour la traduction française.

Friedrich NIETZSCHE, *Humain trop humain*, traduction Robert Rovini, Éditions Gallimard, 1968, aphorismes 13 (p. 227), 228 (p. 148), 338 (p. 404-405). © Éditions Gallimard.

—, *Ainsi parlait Zarathoustra*, traduction Geneviève Bianquis, GF-Flammarion, 1996, p. 201-203.

—, *Ecce homo*, traduction Éric Blondel, GF-Flammarion, 1992.

Pèlerinages

Alphonse DUPRONT, *Du sacré. Croisades et pèlerinages, images et langages*, Éditions Gallimard, 1987, p. 373-376. © Éditions Gallimard.

Lama Anagarika GOVINDA, *Le Chemin des nuages blancs*, Albin Michel, 1969, traduction Jean Herbert et Antoinette Perelli, chapitre III, « La dernière épreuve », p. 309-317. © Albin Michel, 1969.

Édith de LA HÉRONNIÈRE, *La Ballade des pèlerins*, éd. cit., chapitre VII, p. 268-269. © Mercure de France, 1993.

Charles PÉGUY, *Les Tapisseries*, « Présentation de la Beauce à Notre-Dame de Chartres », Éditions Gallimard, collection « Poésie », 1957, p. 106-113.

Errances et fuites

Georges PEREC, *Un homme qui dort*, Denoël, 1967, p. 39-42 et p. 55-60. © Éditions Denoël, 1967, 1987.

Arthur RIMBAUD, *Œuvres complètes*, « Ma bohème (Fantaisie) », LGF, 1999, p. 222.

—, *Œuvres complètes*, « Lettre à Isabelle du 10 juillet 1891 », éd. cit., p. 736-737.

Jack KEROUAC, *Les Clochards célestes*, in *Sur la route et autres romans*, traduction de Marc Saporta, Éditions Gallimard, collection « Quarto », 2003, p. 798-801. © Éditions Gallimard.

Récits d'un pèlerin russe, Éditions du Seuil, traduction Jean Laloy, 1978, p. 25-40. © Éditions du Seuil, 1978.

Expériences

Ralph Waldo EMERSON, *La Nature*, chapitre I, « Nature », traduction Patrice Oliete-Losos, Alia, 2004, p. 11-15. © Allia, 2004.

Walt WHITMAN, *Feuilles d'herbe*, « Chant de la grand-route », traduction Roger Asselineau, Aubier, 1972, p. 242-259.

Victor SEGALEN, *Équipée*, éd. cit., chapitres VII et VIII, p. 272-275.

Sylvain TESSON, *Petit traité sur l'immensité du monde*, Éditions des Équateurs, 2005 ; chapitre V, « Le bonheur d'être en route », p. 61-69. © Éditions de Équateurs, 2005.

Kenneth WHITE, « L'art de la marche ou philosophie, péripatisme, géopoétique », in *Marche et paysage*, dir. Bertrand Lévy et Alexandre Gillet, Éditions Metropolis, 2007, p. 239-241. © Éditions Metropolis, Genève, 2007.

Éméric FISSET, *L'Ivresse de la marche*, Transboréal, 2008, p. 17-18 et p. 59-61. © Transboréal, 2008.

David LE BRETON, *Éloge de la marche*, Métailié, 2000, p. 30-32. © Éditions Métailié, 2000.

Rebecca SOLNIT, *L'Art de marcher*, traduction Oristelle Bonis, Actes Sud, 2002, p. 282-284. © Actes Sud, 2002.

Table

Introduction 7

I.
TECHNIQUES DE MARCHE

1. MARCEL MAUSS 29
   Les techniques du corps

2. HONORÉ DE BALZAC 32
   Théorie de la démarche

3. VICTOR SEGALEN 36
   De la sandale et du bâton

4. JACQUES LANZMANN 40
   Dis-moi ce que tu portes…
   Marcher, c'est…

5. JACQUES LACARRIÈRE 44
   Éloge du pied

6. ÉDITH DE LA HÉRONNIÈRE 48
   Le frottement de la chaussure

7. ALEXANDRA DAVID-NÉEL 51
   Une gymnastique de la respiration

II.
PROMENADES

8. MARCEL PROUST 59
   Il y avait deux côtés pour les promenades…

9. William Hazlitt 64
   Je ne suis jamais moins seul que lorsque je suis seul
10. Karl Gottlob Schelle 69
    L'art de se promener
11. Robert Walser 75
    La promenade m'est indispensable

III.
FLÂNERIES

12. Pierre Sansot 83
    Du bon usage de la lenteur
13. Paul Auster 91
    Ce qu'il aimait par-dessus tout, c'était marcher
14. Léon-Paul Fargue 94
    Le piéton de Paris
15. Walter Benjamin 99
    Paris, la ville dans le miroir

IV.
EXPÉDITIONS

16. Gustave Flaubert 107
    Nous prîmes la clé des champs
17. Robert Louis Stevenson 121
    Une randonnée à pied doit être faite seul
18. Gustave Roud 132
    Petit traité de la marche en plaine
19. Slavomir Rawicz 137
    À marche forcée

V.
TROIS PHILOSOPHES MARCHEURS

20. JEAN-JACQUES ROUSSEAU 141
Si jeune, aller en Italie…
La marche a quelque chose qui anime et avive mes idées
La vie ambulante est celle qu'il me faut
Pour méditer à mon aise ce grand sujet…
La forêt comme cabinet de travail
Me voilà maître de moi pour le reste du jour !

21. HENRY DAVID THOREAU 152
De la marche
Balade d'hiver

22. FRIEDRICH NIETZSCHE 176
Échelle des voyageurs
Le dire deux fois
La nature notre double
Le voyageur
Une pensée née en plein air
6 000 pieds au-delà de l'homme et du temps

VI.
PÈLERINAGES

23. ALPHONSE DUPRONT 187
L'aller pèlerin

24. LAMA ANAGARIKA GOVINDA 192
La dernière épreuve

25. ÉDITH DE LA HÉRONNIÈRE 202
On n'est jamais sûr de son chemin

26. CHARLES PÉGUY 204
Présentation de la Beauce à Notre-Dame de Chartres

VII.
ERRANCES ET FUITES

27. GEORGES PEREC 215
  Tu apprends à être une ombre

28. ARTHUR RIMBAUD 221
  Ma Bohème (Fantaisie)
  À Isabelle

29. JACK KEROUAC 224
  Les clochards célestes

30. RÉCITS D'UN PÈLERIN RUSSE 228
  Priez sans cesse

VIII.
EXPÉRIENCES

31. RALPH WALDO EMERSON 243
  Si un homme veut être seul, qu'il regarde les étoiles

32. WALT WHITMAN 247
  Chant de la grand-route

33. VICTOR SEGALEN 263
  Le regard par-dessus le col

34. SYLVAIN TESSON 269
  Le bonheur d'être en route

35. KENNETH WHITE 275
  Aux frontières de l'être

36. ÉMERIC FISSET 278
  Personne ne marche par le seul pouvoir de ses pieds
  C'est le voyage qui justifie le passage du voyageur

37. DAVID LE BRETON 281
  Une expérience sensorielle totale

38. REBECCA SOLNIT 284
  Marcher ensemble

Sources des textes 289

Mise en page par Meta-systems
59100 Roubaix

N° d'édition : L.01EHQN000516.B002
Dépôt légal : avril 2011
Imprimé en Espagne par Novoprint (Barcelone)